RECUEIL
DE POÉSIES

PATOISES ET FRANÇAISES

DE F. RICHARD,

PRÊTRE, EX-PRINCIPAL DU COLLÉGE D'EYMOUTIERS,
CHANOINE HONORAIRE, ETC.;

ET CHOIX
DE PIÈCES PATOISES

DE DIVERS AUTEURS LIMOUSINS.

» L'indulgente vertu nous parlait par sa bouche. »
MARMONTEL.

TOME PREMIER.

LIMOGES,

F. CHAPOULAUD, IMPRIMEUR-LIBRAIRE,
PLACE DES BANCS, N° 9.

NOTICE

SUR

LA LANGUE LIMOUSINE.

L'ÉPOQUE précise de la naissance et de la formation de la langue limousine est difficile à assigner; mais les preuves de son ancienneté abondent, et des autorités nombreuses et irrécusables la font remonter à des temps fort reculés. Circonscrite aujourd'hui dans un cercle bien étroit, exilée dans un coin de la France, où elle sert à l'expression des besoins de l'habitant des campagnes, elle fut jadis très-répandue en Espagne et dans les Gaules, et elle régna long-temps sans rivale dans la Guienne, le Languedoc, la Provence, le Roussillon, la Sardaigne, la Catalogne, le royaume de Valence, les îles de Majorque, Minorque, etc. Abandonnée maintenant à l'humble laboureur, à

NOTICE

l'artisan obscur, elle fit, en d'autres temps, les délices des classes les plus élevées de la société; elle fut la langue des poètes et des troubadours, et des rois ne dédaignèrent pas de s'en servir dans des actes solennels : témoins les deux sermens (1) prononcés, l'an

---

(1) Voici le texte d'un de ces sermens, tel que l'abbé Legros nous l'a transmis :

« Per de Dieu l'amour, et per lou chrétien peuplé,
» et nostré coumun sauvoment, d'ané en avant, en
» tant que Dieu sabeir et poudeir me douno, si sau-
» vorai-you aqueu moun frai *Charlé*, et en li aidant,
» et en chacuno chauso, si coume homme perdret
» son frai sauva deut : meimo ce que à me un autre
» fario ; et per li *Lothari* nul proucé jamais n'entre-
» prendrai, que moun dit moun frai *Charlé* en dou-
» magé sio ».

Duclos l'a ainsi traduit en français (Mém. de l'Acad. des bell.-lett., t. 17, p. 178) :

« Par amour de Dieu et du peuple chrétien, et
» pour notre commun salut, de ce jour en avant, en
» tant que Dieu me donnera de savoir et pouvoir, je
» sauverai ce mien frère *Charles*, et je l'aiderai en
» chacune chose, comme un homme par droit doit
» sauver son frère ; en ce qu'il en ferait autant pour
» moi ; et je ne ferai avec *Lothaire* aucun traité, qui,
» de ma volonté, puisse être dommageable à mon
» frère *Charles* ».

848, par Louis de Bavière et par Charles-le-Chauve, lorsque ces deux princes s'unirent ensemble par un traité contre leur frère aîné, l'empereur Lothaire.

Formée, en grande partie, de deux langues que toutes les nations civilisées s'énorgueillissent d'entendre et d'admirer, elle emprunta d'elles quelques-unes des qualités qui les distinguent; mais elle ne dut qu'au caractère des peuples chez lesquels elle était en usage ces tours qui lui sont particuliers, ces expressions riches d'images, et cette foule de monosyllabes qui semblent déposer de la vivacité d'esprit de ceux qui la parlaient; car les mêmes mots ne sont pas monosyllabes dans les langues dont elle s'est composée (1). Ces mérites divers attirèrent l'attention et lui valurent les éloges des hommes distingués de toutes les nations. Ducange, dans la préface de son Glossaire

---

A quelques mots près, un Limousin ne voit que sa langue dans cet écrit, que M. Astruc a traduit en languedocien. (Dict. hist. et pol. des Gaules, par l'abbé Expilly, art. *Limoges*.)

(1) Dict. de Trévoux, éd. 1762, t. 3, p. 1469.

latin, Galça, dans son histoire de Catalogne, rendent justice à ses beautés. André Bosch, qui l'a employée dans son ouvrage sur les Titres honorifiques du Roussillon, de la Catalogne et de la Sardaigne, la regarde comme la plus belle des langues cultivées dans ces divers pays, et Gaspard Escolano l'élève au-dessus de toutes celles que l'on a parlées en Espagne. Ménage, dans la préface de son Dictionnaire étymologique, dit que la langue limousine fut fameuse dans les siècles passés; et ce ne sera peut-être pas sans étonnement que quelques-uns de ses détracteurs apprendront qu'aux titres honorables que nous venons de produire en sa faveur, nous pouvons ajouter deux autorités bien imposantes, deux noms célèbres dans les lettres, le Dante et Pétrarque, qui ne parlent de la langue limousine qu'avec admiration et une prédilection bien marquée. Si elle a cessé d'être en honneur, si elle n'est plus cultivée dans le pays même où elle s'est conservée, c'est aux événemens qu'il faut demander compte des révolutions qu'elle a subies, ainsi que tant d'autres auxquelles elle a survécu.

Quoiqu'elle soit redevable au celte de quelques expressions qui sont restées, et dont l'identité est parfaite, il n'appartient cependant, comme nous l'avons déjà dit, qu'aux langues latine et grecque de réclamer la plus grande part dans celle qui n'est aujourd'hui que notre patois. Quant au latin, c'est une vérité dont le séjour prolongé des Romains dans les Gaules et l'étymologie de la plupart de nos mots ne permettent pas de douter. Si les traces du grec sont moins frappantes et plus difficiles à découvrir, cette langue n'en a pas moins été un des élémens de l'idiome limousin, et les autorités les plus recommandables nous confirment dans cette opinion. César (1) dit que les druides, prêtres des Gaulois, se servaient de caractères grecs dans toutes leurs affaires, tant publiques que particulières, et saint Jérôme (2), que les Aquitains, plus que tous les autres peuples des Gaules, se vantaient d'être Grecs d'origine. Dom Poncet et dom Colomb, savans bénédictins, qui ont coopéré à l'His-

---

(1) Comment., liv. 6.
(2) Comment., liv. 2, ad Galat.

toire littéraire de la France, prouvent, dans la préface de cet important ouvrage, que la langue grecque était très-cultivée dans les Gaules, et que les Limousins étaient particulièrement adonnés à cette étude.

C'est, sans doute, à une aussi noble origine qu'elle dut ses brillans succès et la préférence qu'elle obtint sur celles des provinces méridionales de la France. Elle avait, sur la provençale et la languedocienne, le mérite de l'ancienneté, dont beaucoup d'autres avantages sont la conséquence inévitable. C'est ce que nous apprend M. l'abbé Legros, connu par quelques écrits estimables sur les antiquités du Limousin (1), et

---

(1) Le Limousin produisit, à toutes les époques, une foule d'écrivains distingués. Écriture sainte, conciles, théologie, morale, droits canon, civil et politique, histoire profane, philosophie, éloquence, il n'est pas de sujets qu'ils n'aient abordés, et dans lesquels ils n'aient fait preuve d'habileté.

Le manuscrit qu'a laissé M. l'abbé Vitrac, notre compatriote, porte le nombre des auteurs limousins à plus de quatre cents, tous dénommés, par ordre alphabétique, dans sa Nécrologie. Ces recherches, bien précieuses pour plusieurs familles, valurent à

des recherches sur la formation de notre idiome. Après avoir cité les opinions de plusieurs hommes, qu'il compare et qu'il discute, il conclut que la langue limousine, née du latin et du grec, a été celle de toutes les provinces méridionales de la France, et qu'elle est antérieure à la provençale et à la languedocienne : et ce qui n'était chez lui qu'une assertion très-vraisemblable prend

---

l'abbé Vitrac une affiliation aux académies littéraires de Montauban, de Clermont-Ferrand, de la Rochelle, de Châlons-sur-Marne, etc. Entraîné par le charme irrésistible de l'étude, il employait ses loisirs à composer ses Essais de littérature limousine. Nous avons aussi de lui les éloges de trois de nos concitoyens illustres, Marc-Antoine Muret, orateur des papes et citoyen romain, Jean Dorat, poète et interprète du roi, et Étienne Baluse.

M. Nadaud, curé de Teijac, homme d'une vaste érudition, investigateur patient et infatigable des antiquités de la France, et de celles du Limousin, auxquelles il consacra plus spécialement ses veilles, a puissamment contribué à dissiper les ténèbres qui enveloppaient l'origine des habitans de nos contrées. Il a fourni à l'abbé Expilly des mémoires précieux pour la confection de son grand Dictionnaire des Gaules.

un caractère non suspect de vérité dans la bouche de M. Aquilar, l'un des quarante mainteneurs de l'académie des Jeux-Floraux de Toulouse. On trouve, dans un discours qu'il prononça à la séance du 28 janvier 1810, cet aveu remarquable : « La langue
» limousine a la priorité d'origine sur tou-
» tes les autres langues méridionales et mê-
» me sur la française ».

Sa richesse, son énergie, sa flexibilité, étaient autant de motifs puissans qui engageaient les beaux esprits à la cultiver. Aussi le fut-elle avec ardeur par tous ceux qui sentaient *du ciel l'influence secrète,* et elle devint pour eux l'instrument de la plus grande célébrité. Recherchés par les princes de leur temps, tels qu'Alphonse Ier, roi d'Arragon, Richard-Cœur-de-Lion, roi d'Angleterre, le marquis de Montferrat et le comte de Toulouse, et comblés par eux de présens magnifiques ; accueillis, avec tous les honneurs dus à leur mérite, par les duchesses de Normandie et de Beaucaire; estimés des plus beaux génies de l'Italie, qui furent leurs contemporains, rien ne manqua à leur gloire. Pour y mettre le comble,

Jean Ier d'Arragon, instruit par la renommée de leurs talens et de leurs succès, rechercha l'amitié du roi de France, et lui envoya une ambassade solennelle, uniquement dans le but d'en obtenir quelques beaux esprits limousins dont il désirait orner sa cour (1).

Ce fut vers le milieu du douzième siècle que l'on vit paraître en France, sur-tout dans les provinces du midi, ces poètes aimables connus sous le nom de *trouvères* ou de *troubadours*. Les chevaliers, les abbés, les seigneurs, les princes mêmes cherchèrent à les imiter dans leurs chants d'amour et de gloire; et l'on vit plusieurs dames jalouses de s'exercer dans ce genre de célébrité. Le duc d'Aquitaine, Guillaume IX, ne dédaigna point de se mettre, pour ainsi dire, à leur tête. Sa fille Éléonore, devenue reine d'Angleterre, leur continua son intérêt et sa protection.

Plus d'un sujet exerça la verve des troubadours, et les tons divers sur lesquels ils

---

(2) Mariana, liv. 28, chap. 14; le P. Charenton, jésuite, Hist. gén. d'Espagne de Mariana.

montèrent leur lyre donnèrent naissance à divers genres de poésie.

On nommait *laïs* les chansons gaies, et *soulas* les chansons tristes.

Les *pastorales* avaient pour objet les amusemens de la compagnie.

Les *sirventes*, consacrés à chanter les combats et les victoires, étaient un mélange d'éloges et de satires.

Les *tensons* étaient des questions ingénieuses sur l'amour, qui se portaient à un tribunal appelé la *cour d'amour*, composé des femmes les plus distinguées par l'esprit et par la naissance : elles avaient seules le droit de décider ces sortes de problèmes.

Les *fabliaux* étaient de petites odes, des contes moraux et allégoriques, dans lesquels la décence n'était pas toujours assez respectée.

Le Limousin eut aussi ses troubadours, qui ne se laissèrent pas surpasser dans la nouvelle carrière qui venait de s'ouvrir. Parmi ceux qui se distinguèrent sous Philippe-Auguste, etc., nous pouvons citer

Anselme Faydit, qui resta à la cour de Richard jusqu'à la mort de ce prince : il lui avait rendu agréable la poésie provençale, dont la langue était presque la même que la catalane. Son poème sur la mort de ce roi, son bienfaiteur, ses comédies, ses chansons sur l'amour, et son poème *du Palais de l'Amour,* que Pétrarque a imité dans le sien *del Trionfo d'Amore,* lui ont mérité l'estime des hommes de lettres.

« Chacun doit savoir, écrivait ce trouba-
» dour, que la richesse, les honneurs et la
» sagesse du monde ne peuvent nous défen-
» dre contre la mort. Du jour qu'il naît,
» l'homme commence à mourir. Celui qui
» vit le plus long-temps fait de plus longs
» efforts pour atteindre au terme fatal. In-
» sensé donc l'homme qui place son espoir
» dans la vie mortelle! »

Géraud de Borneilh se distingua aussi dans la foule des troubadours. Pétrarque en parle avec le plus grand éloge : il dit qu'il se rendit si célèbre par ses chansons et ses autres poésies, qu'il fut proclamé le maître des troubadours de son temps. Il fut l'inventeur des sonnets et des cantarels.

Bernard de Ventadour fit long-temps les délices de la cour d'Éléonore, reine d'Angleterre, qui l'honora de sa protection. On peut voir un assez grand nombre de ses poésies dans l'ouvrage de M. Raynouard sur les troubadours : nous nous bornons à citer la strophe suivante,

>Ben la volgra sola troubar
>Qué dormés ou fesés semblan,
>Per qu'ieu l'emblés un doux baisar,
>Pus no valhtan que io l'h-deman.
>Per Dieu, dana pauc esplecham d'amor!
>Vain s'én lo tén é perdén lo melhor, etc.

dont voici la traduction :

« Je voudrais bien la trouver seule, en-
» dormie ou faisant semblant de l'être; je
» lui prendrais un doux baiser que je n'ai
» pu obtenir par mes prières. De grâce, ô
» dame trop sévère, donnez un peu d'espoir
» à mon amour. Le temps s'enfuit, et le
» meilleur est perdu. »

Les manuscrits de la bibliothèque royale contiennent trente-cinq pièces de ce poète : elles sont précédées de sa vie.

Nous sommes naturellement amenés par notre sujet à faire connaître ce qu'on appelait *cour* ou *parlement d'amour*.

On donna ce nom à des réunions composées de grands-seigneurs et de femmes, qui aux avantages de la naissance joignaient tous les dons de l'esprit. C'était devant ces tribunaux, dont on n'appela jamais, que se portaient les disputes galantes des chevaliers et des dames. C'était là qu'on jugeait les *tensons*, petits poèmes en forme de dialogues, dans lesquels deux ou trois interlocuteurs agitaient des questions d'amour.

Par exemple, dans un tenson de Savary de Mauléon, d'Anselme Faydit et de Hugues de la Bachellerie, le premier propose « quelle faveur était la plus grande, entre » trois amans, dont l'un avait reçu un re- » gard favorable de sa dame; l'autre, au- » quel elle avait serré la main, et le troi- » sième, à qui cette belle avait pressé le » pied? » Faydit est pour le premier; la Bachellerie, pour le second, et Mauléon, pour le troisième. Ces poètes, après avoir rapporté toutes les raisons qui venaient à l'appui de leur cause, choisissaient eux-mêmes les juges auxquels ils convenaient d'en remettre la décision. Insensiblement les dames se rendirent si habiles en cette matière, qu'elles étaient consultées de toutes parts, et qu'elles devinrent les arbitres suprêmes de ces différends.

L'assemblée, pour prononcer ses jugemens, se tenait ordinairement en la ville d'Aix; on l'appela *le parlement d'amour*, et ses décisions furent nommées *arrêts*.

Ce parlement conserva une espèce d'autorité jusque dans le quatorzième siècle, époque à laquelle une dame érigea un autre tribunal, qui s'assemblait, l'hiver, à Avignon, et, dans la belle saison, à Romani. Le pape Innocent VI, Limousin de naissance, qui siégea à Avignon depuis 1352 jusqu'en 1362, protégea le parlement d'amour de cette ville, et invita d'assister à une des audiences de cette cour les comtes de Vintimille et de Tende, qui étaient venus le visiter.

On a présumé qu'il existait à Limoges, du temps des troubadours, une de ces cours ou parlemens d'amour; et ce qui a donné lieu à cette conjecture, c'est qu'il y avait, dans la Cité, au-dessous de l'évêché, un lieu nommé le *Jeu-d'Amour*, qui a été enclavé dans les jardins du nouveau palais épiscopal, et le chemin qui y conduisait était appelé le chemin du *Jeu-d'Amour*. Sa situation sur la colline qui domine la rivière de Vienne de ce côté était des plus agréables, et pouvait contribuer à animer la verve de nos anciens troubadours. Aimables et gracieuses réunions où la poésie naissante venait se soumettre au jugement de la beauté; où les plus nobles dames prononçaient gravement sur la valeur d'un sourire et d'un baiser; où la force cédait sans honte à la faiblesse, et qui, dans un siècle à peine civilisé, annonçaient déjà l'aurore de la galanterie française!

Qu'on nous pardonne cette petite digression sur un sujet peu connu peut-être de quelques-uns de nos lecteurs, et que nous avons cru capable de piquer leur curiosité. Revenons aux poètes limousins.

Mathieu Morel, médecin, né à Limoges, cultiva la poésie patoise; c'était le *Goudouli* limousin. Chaque année, il composait des noëls qui lui attiraient de nombreux applaudissemens. Nous donnerons, à la fin de ce recueil, quelques-uns de ces cantiques, que leur originalité doit faire distinguer dans la foule des productions de ce genre.

L'abbé *Roby,* né à Limoges, mort en 1761, faisait ses délices du poète de Mantoue, et prenait un plaisir extrême à la lecture du *Virgile travesti* de Scarron. Il imita ce genre burlesque, et parodia, en vers patois limousins, une partie des œuvres de son auteur de prédilection.

Il a fait un joli compliment, en vers, qui fut débité, en 1751, par un écolier du collége des jésuites, vêtu en paysan, lorsque M. Chaumont de la Millière, intendant de Limoges, alla, pour la première fois, visiter cet établissement. Le public nous saura gré de lui avoir fait connaître cette pièce, qui n'est pas sans mérite.

Enfin vint l'homme à la mémoire duquel nous avons consacré cet ouvrage.

L'abbé *Richard* naquit à Limoges. Dès sa jeunesse, son ardeur pour l'étude et un goût naissant pour la poésie le firent distinguer parmi ses condisciples. Destiné à l'état ecclésiastique, il remplit les fonctions de ce ministère de paix jusqu'à l'époque où les connaissances étendues qu'il avait acquises, l'irréprochable régularité de sa conduite, et l'estime que lui attirèrent les qualités de son esprit et de son cœur, l'appelèrent à la place de principal du collége d'Eymoutiers, qui jeta, sous sa direction, un éclat dont il n'a plus brillé depuis. Les devoirs de sa profession et les soins qu'exigeait de lui son administration paternelle ne purent l'empêcher de cultiver les muses. Mais ce ne fut cependant qu'après les événemens malheureux qui changèrent la face de la France et ramenèrent l'abbé Richard à Limoges, qu'il se livra tout entier au charme entraînant de la poésie. Ce fut alors qu'il laissa échapper de sa plume facile cette foule de pièces légères, de chansons, contes, etc., dont quelques-uns sont restés dans la mémoire de tous les gens de goût. « Le style est l'homme », a dit l'un de nos plus célèbres écrivains ; et jamais cette pensée ne reçut une application plus vraie que dans la personne de l'abbé Richard. On retrouve, dans ses productions, toute la naïveté, toute la candeur de son ame, une instruction dépouillée de pédantisme, et l'enjouement qu'il portait dans la conversation. On y reconnaît le philosophe, l'ami de l'humanité, qui plaignait le vice comme un malheur, et qui, au lieu de le maudire, comme le fait trop souvent un zèle aveugle, cherchait à le corriger par son exemple et par ses leçons.

La société d'Agriculture de Limoges lui vota des remercimens pour avoir remplacé, par des chansons ingénieuses, les platitudes grossières qui amusaient nos paysans; pour avoir revêtu la morale, dont nos rustiques colons ont un si grand besoin, des agrémens d'une riante et vive poésie, dans un idiome aussi décrié que notre patois; pour avoir tendu au même but dans les vers français qu'il a composés sur différens sujets; pour n'avoir pas abandonné les muses latines dans un temps où elles sont si peu cultivées; enfin pour avoir offert à ceux qu'il instruisait par ses écrits le modèle d'une vie sans tache.

Elle lui décerna une médaille d'or, au mois de mai 1809, et l'invita à réunir ses poésies éparses en un corps d'ouvrage qui pût être livré au public; mais ses infirmités, son âge déjà très-avancé et sa mort arrivée quelques années après, ne lui permirent pas de s'occuper de ce travail.

C'est pour y suppléer autant que cela est possible, que, cédant aux vœux unanimes de la société d'Agriculture et de nos concitoyens, nous nous sommes livrés sans réserve à la recherche des différens écrits de l'abbé Richard.

Nous nous félicitons d'avoir en notre possession une grande partie de ses nombreux manuscrits, auxquels nous espérons joindre quelques opuscules de ce genre, et rien n'a été négligé pour augmenter ce précieux dépôt; si le même zèle avait animé nos prédécesseurs, nous connaîtrions mieux aujourd'hui les mœurs, le génie, les talens de nos ancêtres, et nous pourrions mettre dans la balance littéraire un poids qui ferait équilibre avec celui des provinces qui reprochent à la nôtre d'être retardée d'un siècle.

Si les poésies et les chansons charmantes des troubadours Faydit, Géraud et Ventadour, eussent été imprimées avec le français à côté, ces ouvrages fussent sans doute tombés sous la main de notre Molière, qui les aurait lus et goûtés; ils auraient plaidé en faveur de ces bons Limousins que sa verve comique immola dans un moment d'humeur, et auxquels son génie a imprimé la plus fâcheuse comme la plus injuste des préventions.

L'abbe Richard mourut à Limoges, le 14 août 1814, âgé de 84 ans. Pendant sa dernière maladie, la société d'Agriculture donna au poète qui avait honoré son pays, et que ses maux retenaient sur un lit de douleur, les preuves de l'estime et de l'affection de tous les membres qui la composaient.

Pour nous, nous ne pouvons offrir à sa mémoire que le tribut de la vénération profonde que nous inspirèrent ses talens et ses vertus.

AVIS

DES ÉDITEURS.

Un idiome informe et qui n'a rien de fixe ne saurait être assujetti rigoureusement aux règles exactes et sévères d'une langue qui se polit depuis des siècles : aussi ne chercherons-nous pas à nous justifier d'avoir suivi une marche nouvelle à la vérité, mais dont l'utilité sera sentie par nos lecteurs.

Le patois limousin n'ayant pas d'orthographe déterminée, on doit s'attacher à l'écrire de la manière la plus analogue à la prononciation. Ce principe, parfaitement juste, a été entièrement méconnu dans les ouvrages patois déjà publiés, où l'orthographe adoptée est si défectueuse, qu'il est impossible, même aux personnes les plus versées dans la langue du pays, de lire une foule de mots que le sens de la phrase peut seul faire deviner. Pour éviter cet inconvénient, nous n'avons pas balancé à débarrasser la plupart des mots d'une infinité de lettres et sur-tout d'accens tout-à-fait inutiles (il n'existe pas d'*e* muet en patois). D'ailleurs, nous n'avons fait que régulariser l'orthographe de l'auteur.

Nous avons cru devoir conserver les *s* au pluriel des noms et des adjectifs, comme en français; mais on ne les prononce pas.

Lorsque, dans la syllabe *au*, l'*à* est accompagné d'un accent, il se prononce comme dans *aô*; *ài*, comme *aï*, etc. En général, l'accent rend la voyelle qu'il accompagne plus rude, et l'isole, pour ainsi dire, des autres lettres auxquelles elle est liée.

Quelques partisans de la routine vont, sans doute, censurer cette innovation; mais nous osons espérer que les gens éclairés l'approuveront. Ce sera la plus douce récompense de notre travail.

LOU ROUMIVAJE

DE LIAUNOU,

POEME EN QUATRE CHANS.

CHAN PRUMIÈR.

A M^mo C. D******.

TE que counservâ dî to teito
Lou boun sen, l'eime, lo rosou,
Que devinâ, que lo tempeito,
Ce que vau dire chaque mou,
Tan dî quàuquo peço franceso
Que dî lou leti, lou potouei;
Te counsacre moun entrepreso:
Viso-me, si au plà, de boun ei.
Iau sài toujour de bouno pâto:
Si tu l'y vesei quàuqu'oubli,
Dijo-m'au; mo plumo à lo hâto
Douboro ce qu'auro foli.

Roumivaje, *pèlerinage.*

LOU ROUMIVAJE DE LIAUNOU,

Iau vau deimountâ mo chobreto
Per fà un bourdou pû plenty.
Quo n'ei pâ qui de chansouneto;
Qu'ei quàuquore de pû sery.
Si t'ài fa rire quan chantâvo,
D'un toun bodin e goguenar,
Ce que se disio e se possâvo
Dî lo meijou d'un campognar :
Soun corotari, so counduito,
Sas recreocys, soun trobài,
E qual ei lou trin de so vito;
M'en vau fà un nouvel essài.
Moun historio n'ei pâ risento :
Parle de forço countre-tens :
Pren to mino gravo e prudento.
Vau chantâ tous lous acidens,
Lou roumivaje, l'innoucenço,
L'eisoungliodas, lou nâ poucha,
Lo devoucy, l'er empeicha
D'un garçou doun lo bouno mino
N'èro pâ quelo d'un butor.
Coumence ; Muso limousino,
Ser-me, si te plâ, de mentor.

Un bèu dimar, darniero feito
Que las pâqueis nous fan chaumâ;
Qu'à Limojei chaquo meneito
Prejo Dy jusqu'à s'enrumâ;
Qu'en se buten per chaquo porto,
Lous peisans entren per ufrî,
E chaten tous uno ridorto

CHAN PRUMIER.

Per lou mounde que soun châ is;
Que las nuriças, dî lo vilo,
Se câren en lour nurijâ;
Que las momas, per lor sei bilo,
Sur lours jonoueis vesen chijâ;
Qu'en Ruo-Torto, à pleno marmito,
Causen las gogas d'un denier;
Que chaquo boucheiro debito
Tout lou menu de soun charnier;
Que, dî Limojei, châquo chasso
Se porto devoucysomen
Dî lo proucessy que l'y passo
Tous lous ans solennelomen;
L'heiritier de Pière Garguilio,
Liaunou de Sen-Marti-lou-Viei,
Lou soû mâle de so fomilio,
Garçou bien robuste e bien prei,
De l'aje d'uno vieilio vacho,
N'oyan pouen lou pounie pûri,
Mâ be lo chambo lo mier facho
Que garçou que se sio nûri,
Partigue de châ se d'ob'houro,
Bien retroussa, bien mei, bien fier :
So mài l'apropio e lou deibouro,
Li penio sous piàus de soun mier :
Lou pài, qu'ovio tan de tendresso
Qu'au ne poudio mài l'envesâ,
De paure qu'au se morfoundesso,
Lou seguio si au voulio pissâ.
Lous vesîs, per fujî lo guero

LOU ROUMIVAJE DE LIAUNOU,

Que poudio causâ tan d'omour,
Disian espreï que soun fî èro
Lou pû bèu drôle d'alentour.
　Au devio 'nâ, sur so bouriquo,
Per quàuque vœu fa per soun màu,
Venerâ lo sento reliquo
Dau gran apautre sen Marçàu.
Lous us disian que lo veirolo
Li 'vio leissa dau malavei;
D'àutreis, coumo uno ovelio folo,
L'ovian vu virâ tout surprei.
So mài, que n'èro pouen tan soto
Per tirâ lous deveis de par,
'Vio counogu que quelo voto
Goririo soun fî tô au tar.
Au ponelo doun so mounturo,
Croucho un fissou per lo piquâ,
Penden que so pàubro mài puro
E ne cesso de lou biquâ.
　Quan lo bouriquo ei harneichado,
Liaunou s'en torno ver meijou,
Coupo dau po, fài 'no liçado,
Tanbe qu'au 'guei prei soun bouliou.
　Oyan deijûna de lo sorto,
Fa sous adys bien tendromen,
Au pren lou chomi de lo porto,
D'un sàu se ducho lestomen
Sur un bâ cuber de bosano,
Qu'ovio sous eitrys, soun harnei,
Que lou pài, deipei 'no semmano,

'Vio chota per li fà plosei.
 Au par, counten coumo 'no gràulo
Qu'emporto 'no nou dì soun be;
De joïo au hucho, au chanto, au piàulo;
E, tan de lo mo que dau pe,
Soun ânisso ei tan turmentado,
Que, per reipoundre de soun mier,
Lo fogue uno goloupado
Que dure mài de cinq pâter.
Penden uno courso si râro,
Liaunou troverso tout lou bour,
Se morgo, fignolo e se câro
Dovan lou mounde d'alentour.
Un chopèu niau, 'no belo gariço,
Daus piàus tan blouns coumo de l'or,
Un jile blan dessu so panso,
Brouda d'un flure sur lou bor,
Soun bel hobi de râso fino,
So comisolo de bosin,
Sas broyas de propo rotino,
Lou rendian fier coumo un lopin.
 Entàu partigue de lo Mancho
Lou fidèle Sancho-Pança,
Quan, d'un' humour goliardo e francho,
Lou cœur counten, l'er empreissa,
Au 'navo, per ganiâ quàuqu'ilo,
Coumo soun chivolier erran,
E countâ lous eicus per milo
Dî soun vouiaje, à chaque instan.
 Liaunou fujio lou cœur en joïo,

LOU ROUMIVAJE DE LIAUNOU,

Per tous lous chomis prejan Dy
Que ne toumbesso pâ de ploïo
Qu'empeichesso lo proucessy.
Au per so prejeiro esauçado,
Au per ne sabe qual hosar,
Penden touto quelo journado
Lou cèu se troube pur e cliar.

 Quan au fugue sur lou poun d'Aisso,
So beitio crebâvo de chàu;
Liaunou, per coumpossy, lo làisso
Marchâ per lor un pàu pû suàu.
Tan qu'au viso, à boucho deiberto,
Lou poun, lou châteu, las meijous,
Un drôle molin e alerto,
Segu de quatre ou cinq copous,
Soù lou nâ ve li fà lo mino,
L'omuso coumo un vrài lourdàu,
Tan qu'un àutre fouro uno eipino
Soû lo queuo de soun animàu.
Quan l'ànisso se sen piquâdo,
Lo rejingo coumo un chobri,
Se jito d'arcado en arcado,
Petouno, fài chorivari;
Lo s'enlèvo, lo s'eicolarjo,
S'enrajo de soun deiplosei :
A lo fi, cresen que so charjo
Li causâvo tout soun deirei,
Lo se me si for en coulèro
Que lo fài virâ lou ponèu,
E que Liaunou toumbo per tèro,

CHAN PRUMIER.

Eloueira coumo un vrài vedèu.
Lou diâtre sio pâ lo conalio!
Di-t-èu, sangutan fortomen :
N'y o pû de jaunesso que valio!
Me sirài bien roumpu 'no den.
Au se lèvo en grotan so teito,
Chobranlan coumo un home tor,
E di tou hàu : Per lo tempeito !
Jarni, si seguio moun transpor,
Iau te roussorio quelo sepo
Qu'is s'en souvendrian de segur.
Au s'eifeuni, au puro, au trepo,
E s'eicredo dî soun molhur :
Helà! tache touto mo vesto ;
Mo boucho ei touto en d'un molan :
Be l'y o de conalio de resto!
Pài, si vous vesiâ votre efan,
Vous lour secoudriâ be l'eichino.

 Dî quiau ten, quis pitis moràus
Vesian l'eife de lour eipino
Sei s'eimojâ de tous sous màus.
Tàu l'un vèu un cha en moliço
Juran de louen countre un barbe
Que l'o treina per lo pelisso
Quan au roudâvo autour dau fe :
Lou che, que ri de so coulèro,
Jingo e japo soû lou bufe,
Tan que lou cha se desespèro
D'ovei l'ennemi prei de se.
Per lor, un peisan que possâvo

LOU ROUMIVAJE DE LIAUNOU,

S'apràime per lou counsolà,
Leve lou poncu que treinâvo,
Ce que fosio batifolà
Lo paubro ânisso màu trotâdo
Per quiau piti-fì de coucu.
D'obor qu'au l'ogue ponelâdo,
Li tira lo rounde dau cû :
Visan, deibrei-me votro boucho ;
Qu'ei re, di-t-èu, n'y o mâ dau san.
Au percour so teito, au lo toucho,
N'y rencountro re d'ofensan :
Chotâ, repren-t-eu, 'no chandelo
Per pourtâ dovan sento Crou ;
Car vous l'ovei pecado belo ;
Vous sei quîte d'essei sannou ,
Ce qu'ei causa per uno cocho
Qu'ei grosso coumo un gru de bla.
Au chercho per lor di so pocho ,
Sor un rouquiliou vimela
Qu'èro tout ple d'àigo-de-vito
Doun au li verso sur lo mo :
Rinçâ-vous, lo plajo ei pitito ,
Di-t-èu ; n'y auro re demo ;
Lou san vài s'areitâ sur l'houro.
Que ganiâ-vous de menoçâ?
Toujour quàuque diâtre se fouro
Pertout ente nous fau possâ.
Que Dy v'aye en so sento gardo,
Vous preserve d'àutre aciden.
 Liaunou lou remercio e deiviardo,

CHAN PRUMIER.

Ne fài pû tan de l'indolen,
De pau de quàuqu'àutro aventuro;
Mâ deicampo toujour au tro,
En bien tolounan so mounturo,
Quan, per-dovan se, lou marmo
Que li 'vio fa quelo sotiso
Se presento d'un er mouqueur.
Liaunou li fài lo mino griso,
Lou san li bulio dî lou cœur;
Mâ l'ânisso, que se meifiâvo
De quàuqu'àutre troublo-dorei,
Sei voulei s'omusâ, marchâvo
Pû prountomen que ne cour l'ei.
Enfi, eitan hor de lo vilo,
S'eitan eissuja, prei l'hole,
So faço deve pû tranquilo.
Per lor au sor soun chopele,
Pren lo crou, sur soun froun lo porto,
Lo bàijo devoucysomen,
Se senio vingt ves de lo sorto,
Rempli soun sen engajomen.
Oyan loun-ten, valio que valio,
Counta lous grus soû soun pause,
Beija souven chaquo medalio,
Au lou sâro dî soun gousse.
Quo dure be 'no bouno lego.
Qu'ei be râre quan un peisan
Di sas diezenas tout de sego,
L'un lou vèu reibâ chaque instan,
Au lèvo aprei un pàu lo teito,

Vèu lou clucher de Sen-Michèu :
Houm, houm, di-t-èu, mâlo tempeito!
Veiqui be un bâtimen nouvèu !
Sirio-quo qui lo domouranço
Dau seniour de quis Limoujàus?
Anen, Liaunou, fissouno, avanço,
Fosan lauvâ lous vilojàus.
Me prendran-t-is per un Jan-Quouado?
Soun-t-is bilias pû propomen?
E lour glieno ei-lo mier peniado?...
Mâ iau maudirio lou momen
D'ovei quîta mo bâticolo,
Si, coumo aliour, dî quiau poï,
Lo jaunesso l'y èro si folo
De rire en nous vesen trohî.
Fau remarquâ que de so vito
Liaunou n'ovio pû 'na si louen :
Jujâ cambe quelo visito
Li balio de creimo e de souen.
Lo devoucy que l'acoumpanio,
Las belas chausas qu'is li an di
De milo châtèus en Espanio
Li troublen toujour soun espri.
Coumo lou ra de Lo Fountèno,
Que fosio lou vouyojodour,
En se permenan dî lo plèno,
Prenio un cossou per uno tour,
Un fy d'àigo per 'no rivieiro,
Las gronoulieiras per daus lacs,
'No meijou per 'no vilo entieiro,

CHAN PRUMIER.

Un roc per lou moun Atelas :
Ensi, quiau garçou, dî so routo,
Ei toujour dî l'eitounomen,
Regardo tout, n'y coumpren gouto,
Bado lô gorjo à tout momen.
Lo bouriquo troto sei peno,
Lou ven 'vio secha lous chomis :
Au vèu lous Carmeis de l'Oreno ;
Sous cis ne soun pouen endurmis;
Au fài, ja! Jocomar que souno
L'eitouno en levan soun martèu:
Per bounhur, passo uno persouno
Que s'apràimo quan lo lou vèu :
Qu'èro un peisan de so porofio,
Que li disse : Liaunou, boun jour :
— Dy vous lou done, Jan Gorofio,
Iau sài votre humble servitour.
— Mâ, moun fî, qu'ei be 'no miraudio.
De te veire venî tout soû.
— Mo fe, di-t-èu, qu'ei mo molaudio
Que domando quelo feiçou.
Coumo vous ne sei pâ bobulo
(N'au fau pâ per un cocossier) ;
Ente menâ-vous votro mulo,
Per ne pâ fà lou deipensier?
Ne sài pouen de quis porto-boto
Que l'y van à ple goubele.
L'àutre li di : Châ lo Charloto;
Qu'ei ver lo foun dau Chovole.
Se lou faubour, pren à mo manso,

Làisso quelo porto qu'ei lau :
Lo lingo, dî touto lo Franço,
Meno pertout ente l'un vau.
Gran-marcei ! que Dy vous benisso !
Reipoun-t-èu, iau l'y m'en vàu.
Au piquo ensuito soun ânisso,
Lo counduisen ver Viraclìàu,
En visan toujour trâ s'eichino,
Quan au vèu quàuque marmouse.
Cha eichauda fu lo cousino
Quan is tiren l'àigo dau fe.
Dy marcei, tout vài à mervelio
Jusqu'à lo porto Moun-Molier ;
Au me soun chopèu sur l'orelio,
Pren lous bèus ers d'un covolier,
E s'eimojinan qu'un lou viso
Coumo un persounaje nouvèu,
Au fài bien bouflâ so chomiso
Touto nevo de bri roussèu.
Lou veiqui qu'aribo à lo porto
De lo Charloto ; au balio un co :
Lo pàucho, dilijento e forto,
Se levo en li credan : Qu'ei-quo ?
Boun jour, di-t-èu ; po-t-un, mo filio,
Domourâ jusqu'aprei-mieijour,
Se pitançâ, beure rouquilio ?
Si noun, m'en vau deicendre aliour.
Entrâ, se li disse l'Anniquo ;
Lo jen que tenen cobore
Ne domanden qu'à v'ei pretiquo :

CHAN PRUMIER.

Siclîâ-vous sur quiau toboure ;
Vau fâ minjâ votro mounturo ;
Notre se vau de boun voury ;
Ne branlei pâ, sabe l'aluro :
Nous fan bouno coumpôsicy.
Dî quiau ten, l'hôtesso Charloto
Deicen per s'en onâ aus bans ;
Lo pren sas groulas, so copoto,
Sous faus bous de chomiso blans,
E ver Liaunou tournan lo teito :
Boun jour, notre ami, Dy sio cens,
Li di-lo de moniero hôneito ;
Venei-vous ôrâ lous bous sens ?
Liaunou, per li fâ lo coulado,
Tiro bien soun pe en orei,
Sur lou pova fài 'no râcliado
Doun lo lumieiro eiblausi l'ei,
Talomen bien que l'eitincelo
Que surtî de soun so fora
Aurio fa prenei 'no chandelo ;
Lou fusi lou mier plotina
N'en o jomài produi 'no talo.
Lo vài toumbâ sur lou margàu,
Que cramo, e s'enfù soû l'eichalo
S'eimorauniâ coumo un grimàu.
Sài vengu, di-t-èu, domoueiselo,
Per un màu que bujo d'eici,
Quan lou sente dî mo cervelo,
Vene coumo un home sunci,
Tout viro coumo uno deibôjo ;

Me siclie, quo passo be tô;
Mà, dî lou ten que quo me rôjo,
Quauquas ves dirià que sài fau;
Pertan, deipei qu'ài fa proumesso
De venî veire sen Marçàu,
Chaque jour sente que quo cesso.
Peche-quo fà toujour entàu!
Li reipoun lo coboretiero.
Amen, di-t-èu; mâ moun polài,
Mo lingo ni mài mo gourjeiro
Soun secs tout coumo dau jerbài;
Marchâ me tirâ 'no rouqueto,
Que quo sio daus pû sobouroûs;
Fosei-me, si au plà, 'no mouleto,
Farcissei-lo de forço inioûs.
Lo balio vite 'no credâdo
Que tundigue jusqu'au gronier,
L'Anniquo ve touto eisouflado,
Car lo courio coumo un lebrier.
Lou diâtre sio pâ de lo sourdo!
Di-lo, fau-quo que fase tout?
Quelo filio n'ei-lo pâ lourdo!
Tirâ lou vi de quiau garçou,
Tan que 'niràì cherchâ l'ounchuro.
Jomài n'y o re que sio à perpàu.
Ent'ei lo gràisso de frituro?
Qu'ei tout sen Pei dessû sen Pàu.
L'Anniquo fài tout en grando hâto;
Mâ l'y o toujour quàucu que brun.
Lo cour, lo fu, n'ei jomài gâto;

CHAN PRUMIER.

(Lo n'ei pâ filio de retrun).
L'alumo vite lo chandelo,
Mâ n'au fài que tro prountomen;
Car lou fe pren à lo dentelo
De soun coueifaje dau diaumen.
Per deipie, lo vài sei lumiero
'Nâ tirâ lou vi de Liaunou.
Tout un lei de so dovantiero
S'eicebro en d'un cliau jusqu'au bou,
Si bèu, si be, que lo dovalo,
Cresen un mor aprei so pèu,
Jusqu'anto à lo fi de l'eichalo,
En fosen lo cornobudèu.
Lo crèdo d'obor : Iau sài morto!
Moun boutou d'hancho ei tout roumpu!...
Lo Charloto cour ver lo porto,
L'eicouto e di : N'en pode pû!
Lo se siro touto murtrido;
Maudi sio soun enteitomen!
Lo vài, deisolâdo e transido,
Dî lo câvo, tout en couren.
Liaunou, qu'ovio sur so peitreno
Mei lo meita d'un potoutàu,
S'eissôrelio lo gorjo pleno,
Cour aussi per veire lou màu.
Is troben so chambo entraupado
Dî lou lei que s'èro eicendu,
L'àutro que s'èro replejado,
Lou pe vira dessou soun cu.
Liaunou lo viso e se lamento;

Mâ qu'ei qui soun prencipàu souen.
L'Anniquo, que n'ei pâ countento
De ne mâ l'ovei per temouen,
Se torno ver se, lou regardo :
Deifâ-me per l'omour de Dy;
Moun tolou de so me pouniardo;
Lous cliaus me blessen jusqu'au vy,
Di-lo, d'un er qu'atendririo
Lou drôle lou min coumplosen.
Quiau jaune home que peririo
Per rendre service à lo jen
Se grato pertan, fài lo mino,
N'àuso pâ touchâ quiau jouneu,
Cren uno tentocy molino :
Cor ne dô à qui re ne vèu.
Mâ quelo filio, impocïento
De se veire dî quel eita
Que lo rendio coumo impotento,
S'eicharnigue de soun coûta,
E li di, d'un er en coulèro :
Visâ si quiau fichou couïer
Qu'o causa touto mo misèro
Ne siro pâ lou bèu darnier
Per me tirâ de lo soufrànço,
Me soulevâ, me deiprenei !
Aten-me, lo belo esperànço,
M'en vau t'aprenei toun devei.
Tout d'un co, maugra lo Charloto,
Que ne po lo deipoquetâ,
Lo fài tan que lo deimolioto

CHAN PRUMIER.

So chambo, que fài tout petâ,
Se lèvo, li sàuto à lo glieno,
Lou charpi coumo un vrài luti,
L'engràunio, lou ba, lou deimeno,
Lou trato de fa, d'eibeiti,
Jusqu'anto que l'ei d'heileinado,
Countre se lo semblo un demoun.
Liaunou, que lo crèu possedado
Dau molin espri tout de boun,
Se senio, crèdo : Notro-Dâmo!
Au secour! à l'àido! moun Dy,
Fosei que ne rende pâ l'âmo
Sei qu'aye fa mo counfessy.

Entàu fogue quelo vipèro
Que l'home mete dî soun sen
Per lo tirâ de lo misèro.
Au le d'un cœur recouneissen,
Lou molhurou 'gue, per so peno,
Quan lo tourne dî so vigour,
Un co de den sur so peitreno,
Que l'eitoufe lou meimo jour.

Lo Charloto crèdo à so pàucho :
Que to doun fa quiau coumponiou?
L'àutro li reipoun touto ràucho :
Si vous vesiâ moun croupiniou,
Vous ne forià pâ tan l'eimablo.
— Sio; mâ per jugâ de quis tours
A d'un garçou que sor de tablo
Per venî te boliâ secours,
Au fau que tu siâ piei que folo;

LOU ROUMIVAJE DE LIAUNOU,

Quiau peisan me porei for dous.
Lou drôle eicouto e se counsolo,
Li crèdo : Me pardounâ-vous?
Iau n'ài pâ fa quo per moliço;
Lous Garguilias soun sei venin :
Si au voulio que Dy me punisso,
Jomài n'ài causa de chogrin.
L'Anniquo, senten so sotiso,
Souri e li paro lou brâ :
Liaunou, sei fà lo mino griso,
Lo soute e l'àido à mountâ.
Lo Charloto pren lo chopino,
Que, per bounhur, èro d'éten,
Tan que Liaunou dî lo cousino
Rameno l'Anniquo, que cren
En toumban de s'ètre deidicho
Per lou min l'eipino dau dô :
De bien daus cris lo n'ei pâ chicho;
Quan lo marcho, lo plen sous ôs.
Entretan, lo Charloto mounto
Chopino de vi dau pû dur,
Tan que lo pàubro Anniquo counto
Tout lou detài de soun molhur.
Liaunou, doun lo lingo lebreto,
De bèu qu'au n'en voudrio suçâ,
Penden que l'hôtesso repeto
Cent ves : Tu deviâ te cossâ
Las chambas, lo teito, l'eipanlo...
T'â gâta quiau pàubre peisan;
Viso coumo tout soun cor branlo,

CHAN PRUMIER.

Diàtre d'ounglias de viei chovan!...
Coumo un hussier sàuto à l'eipleito
Qu'en so mo lo toujour tengu,
Crèdo en fujen : Vierjo beneito!
D'un 'hôle lou vau 'vei begu ;
M'ei 'vî que mo gorjo me brûlo.
Bevei, bevei, pàubre pocien,
Di-lo; n'oyei pâ de scrupulo:
Vous veirei qu'en counte fosen
Iau v'en possoràai douas per uno.
Vole que vous siâ counsola
Coumo au fau de votre infourtuno;
Prenei quiaü bouci de sola.
Poyoràai tout, disse l'Anniquo.
Teisâ-vous, qu'ei de mous offâ,
Reipounde l'àutro, e, sei repliquo,
Fau tout-à-houro vous deipoufâ.
Sio fa; ne sài pâ couleirouso;
Mâ diriâ mài que l'un ne se :
Quan lo chàuso deve fachouso,
Maugra se l'un o dau deipie.
Liaunou tout aussitô s'apràimo;
Chacun s'acordo e se souri,
L'Anniquo li di que lo l'àimo
D'un er counten e eiveri.
Au vài deijunâ d'impourtanço,
Reparo tout lou ten perdu :
Lou po, lou vi mài lo pitanço,
Tout dî l'instan fugue foundu.

Pei remercian pàucho e meitresso,
Disen sas grocias de boun cœur,
Au par per 'nâ auvî lo messo,
D'obor qu'au 'gue fa serviteur.

CHAN SEGOUN.

—

Liaunou vài veire à l'eicurio,
Trobo lou râtèu bien garni,
S'y deicouti coumo en furio,
Juran vingt ves : Per lo jarni !
Visâ-me si quelo sirvento
M'o pâ cuja rochâ un ei !
Me que lo cresio si plosento !
De tàus filias un soû porei
De me forian plo lo lèu passo ;
Quelo m'o bolia moun poque :
Coumo diâtre lo lous deicrasso !...
N'y sunian pû ; notre coque
Ser coumo un emplâtre de jemo
Dessur un peiroule creba.
Mâ qu'ei que quo vous forio cremo
De vous troubâ dî tàu soba.
Do qui douban un pàu lo floquo
De sas linchaussas de coulour,
Per qu'en feiçou de pendeloquo
L'haupas bodinan tour à tour ;
Seloun lou degre de lo marcho ;
Deipoussieran bien soun chopèu,

E de soun mouchenâ qu'au chercho
Se deibarboulian lou musèu,
Qu'ovio tropa quàuquo eirafiado
D'un bou d'ounglio daus pû pounchus,
Quan quelo mangano enrojado
Courio sur se, lous deis crouchus,
Au sor et deicen lo venelo
Que coundui ver lou Chovole,
Quan Brenàu, doun l'espri foule
Fosio eipoufidâ lo marmalio,
Lou viso, e chercho, en se fretan,
Uno nigaudorio que valio,
Qu'au 'gue troubado dî l'instan :
Boun jour, l'omi; que vous chogrino?
Di-t-èu d'un er dissimula;
V'ovei qu'àuquore dî lo mino
Que porei deimantibula.
Qu'ei vrài, reipoun-t-èu; dî l'auberjo
Quàuque demoun m'ovio segu ;
Sei lou boun Dy, lo bouno Vierjo,
De segur n'en aurio tengu :
Ensuito au counto soun histôrio.
Brenàu countrufo un er sery,
L'enten, n'en charjo so memôrio,
Per lo dire à quàuque cury.
L'àutre, coumo uno chàuso utilo,
Noumo sous porens, soùn peiri,
Di que jomài pû dî lo vilo
Sous sos ne 'vian fa de bouri.
Lou goguenar, risen dî l'âmo,

CHAN SEGOUN.

Fài l'eiloje de so bounta;
Qu'ei per channiâ bientô de gâmo;
Car quan au li 'gue tout counta :
Moun omi, làuve l'entrepreso
Que v'ovei fa per votre màu,
Li di-t-èu, mài vau fà 'no meso
Que vous v'en irei sen et sàu;
Mâ fau qu'entre lo populaço
Vous fendiei coumo un eiparvier,
Per poudei beijâ chaquo chasso
De vingt persounas lou prumier :
Qu'ei dire que fau prenei gardo
Quan n'in auro vingt per ufrî,
E, sei suniâ à lo moutardo,
Courei, possâ pûtô sur î.
Quo n'ei pâ tout; fosei denguèro
Treis ves lou tour de quelo foun;
Leissâ-me fà : de lour misèro
N'en ài gori cent tout de boun.
Marchâ, fosei quàuquo prejeiro,
Coumo cinq pâtèr, cinq âve;
Fau, de mài, per lo chàuso entieiro,
Chaquo chenàu bèure 'no ve.
Liaunou fài tout en modestio,
Troulio de l'àigo coumo un cro.
Lou meitre de ceremonio
Li di : V'ovei bien fa quiau tro,
Fosei de meimo tout lou resto;
Vous sei lou pû soben de tous :
Deiboutounâ-me votro vesto

LOU ROUMIVAJE DE LIAUNOU,

Prei dau boute jonouliâ-vous.
L'àutre s'aproucho e se jonoulio :
Lovâ, di-t-èu, votre parpài,
Iau vau v'eidâ. Mâ au lou moulio
Si for, de çài coumo de lài,
Que so chomiso en ei traucado,
E, tanbe qu'un larje boutou
Tenguei lo culoto sorado,
L'àigo li rigolo pertout.
Boutounâ-vous, lo chàuso ei facho,
Di-t-èu, n'oyei pû de danjer.
Châcun, de bèu rire, se cacho,
Se moquo de quel eitranjer,
Que souâto à quelo bouno peço
Lo pû grando benedicy,
E l'ogue poya, si au vouguesso,
Per 'vei coundui so devoucy.

Ensi, lo folâtro jaunesso
Crèdo un che d'un toun coressan,
E proufito de so feblesso
Per lou fâ boniâ dî 'n'eitan ;
Lou che se moucho e s'eipoufido,
S'eissujo sei 'vei de venin,
E ve lechâ lo mo perfido
Qu'ei lo càuso de soun chogrin.

Mâ Brenàu, molino persouno,
Si jomài l'un en o trouba,
Per chobâ soun rôle, li douno
Douas bounas presas de toba :
Qu'ei ce que porto medecino,

CHAN SEGOUN.

Di-t-èu; sinâ-lou me bien for;
Qu'ei de boun petun de lo Chino,
Que vài ressucitâ un mor :
Qu'ôtoro de votro cervelo
Quiau bourdounomen impourtun.
Liaunou li fài 'no kirielo
De cent remerciomens per un;
E, freiche coumo uno leitujo,
Pren lou chomi de Sen-Michèu.
Brenàu, treitre coumo uno ortrujo,
Se de louen quiau roumy nouvèu,
Per eisominâ si au reniflo
Quiau boun remèdi tan vanta;
Car quiau rusa boteur d'antiflo
Per sous bèus mous l'ovio enchanta,
E 'vio mei 'no bouno pinçado
D'olebor qu'èro bien chôsi
Di lo medecino fardado
Qu'ovio si souven reussi.
Lou ten ve; Liaunou lo sinoto
Jusqu'à lo fi, grô e menu;
Au viso en l'er, soun ei clinioto,
Tout finî per un eitrenu :
A vos souâs, li crèdo 'no troupo
Sio daus onans, sio daus venans;
Mâ, per lour reipoundre, au se coupo
Per vingt eitrenus bien pû grans :
Ah! que maudicho sio lo drogo,
Di-t-èu dî soun ten de relài!
Si per gorî l'o de lo vogo,

LOU ROUMIVAJE DE LIAUNOU,

Quo n'ei pâ daumin sei trobài.
Notâ que, quan quo l'assiejavo,
Quo li fosio mountâ lo sûr;
Lou pàubre diâtre s'apouyavo
De ten en ten countre lou mur,
En d'un mou jusqu'ant' à l'eiglicijo
Quo lou fài tan eitrenudâ,
Qu'au crèu que soun nâ se deircijo,
Mài s'einuyo de soludâ.
Brenàu, que vèu qu'au se trobalio
Seloun ce qu'au s'èro proumei,
Ri e lou moutro à lo conalio
Que l'ovio segu per dorei;
Enfi, quiau molhurou aribo
Gâte de bèu de botoliâ,
Lou nâ goutan coumo 'no gribo
Qu'un vinierou ve de toliâ.
Quo cesso : à l'instan au domando,
Se mouchan, s'eissujan lous eis,
A quàuquo solopo quemando,
Que fosio lo guèro à sous peis,
S'is disian bientô quàuquo messo :
Dî lou momen vous sei prou for,
Reipoun-lo; mài vous fau proumesso
Que quo siro bâclia d'obor.
Boliâ-me, si au plâ, l'aumôno;
Prejorài lou boun Dy per vous.
Liaunou choritable li dôno
Doux boucis de po tous crossous :
Dy vous preserve de murino,

CHAN SEGOUN.

Di lo. — Mài de petun râpa,
Reipoun-t-èu ; lou nâ m'en cousino ;
Crese presque qu'is m'an tropa.
L'apren de se, fy per cigulio,
Tout ce que li'vio fa Brenàu ;
Lo lou bodino, e Liaunou julio,
De bèu qu'au n'en trosio de màu.
Lo li fài senti lo finesso
De quiau gorisseur d'heibeti,
Qu'o proufita de so feblesso.
Onâ, di-lo, pàubre piti,
A votre tour beijâ lo chasso ;
Ne fau pâ de superticy :
Qu'ei de vràis tours de passo-passo
Per raliâ votro devoucy.
Votro sento bujado ei bouno
Per causâ quàuquo purisi.
Lou boun Dy dèurio, quan au touno,
Mossocrâ un tàu medeci.
D'aliour, qu'èro 'no viracliàudo ;
Quelo jen n'an pâ lou liniau :
E si qu'èro lo Posseràudo,
Lo chobiardavo coumo au fau.
Mâ, penden quelo counferenço,
Lo messo ei louen de soun espri :
Lou peitre sor ; lo se coumenço ;
Mài l'eivanjile ei deija di.
L'omi, metei dî votro teito
Que vous fosei tro l'amusar ;
Que las messas, tàu jour de feito,

LOU ROUMIVAJE DE LIAUNOU,

Chaben à n'hauras, lou pû tar,
Di-lo, d'un toun de counselieiro;
Deipeichâ-vous, vous lo perdriâ;
Vous veirei si sài meisounjeiro
Mài de quelas que vous creiriâ.
Liaunou lo remercio e s'en entro,
Lou cœur rempli de coumpouncy.
Soun espri d'obor se councentro
Di lou foun de lo devoucy.
Etan entra, d'obor au sàusso
Sous cinq deis dî lou benitier,
Se senio, sur sous peis s'enhàusso,
Per deicrubî dî quàu cartier
Quelo messo se celebrâvo.
Mâ pàubro! qu'au fugue surprei!
Lo pitito clocho sounâvo;
Tout lou mounde èro de jonouei :
Ah! di-t-èu, l'auràì plo manquâdo;
N'àuviràì gro de quete jour.
Que maudicho sio lo lovâdo,
Mài quiau que m'o juga lou tour!
Si jomài tourne dî lo vilo,
Me meifioràì de quiau calin.
Pàubro creaturo imbecilo!
Coumo à-tu bolia len-dedin?
Ce que disen, au se jonoulio,
Soludo lou sen Sacromen,
Se lèvo coumo un nigodoulio,
Pourto sous eis, dî lou momen,
Sur lo counstrucy de lo vàuto,

CHAN SEGOUN.

Counto lous piliers, lous vitràus,
Jujo cambe l'eiglieijo ei hàuto,
Quan l'y o d'autars e de pourtàus.
L'orgue lou ravi en estâso :
Tous quis gros tudèus de fer blan,
Renjas per ordre dî lour câso,
Châ se n'an rè de ressemblan.
Jomài n'ài vu 'no chàuso talo,
Di-t-èu, coumo quiau cobine ;
Qu'ei belèu lo foun botismalo ;
Chaque cor o soun robine,
Per lovâ, quan quo se presento,
Trento meinajeis tout d'un co.
Moun Dy, ce que lou mounde invento !
Mâ quàu gran marmur l'y aurio-quo
Dau couta de quelo chopelo ?
Lo jen l'y se pourten pertou.
Per lor passo 'no domoueiselo,
Que li di : Qu'ei lou boun sen Lou ;
Is van pourtâ bientô lo chasso
Dî l'eiglieijo de Sen-Marçàu.
Dei loun-ten votre espri trocasso ;
Vous parlâ soû coumo un nigàu,
Aqui planta coumo uno bucho ;
Iau rise de vous veire fà :
Vous sei beitio coumo uno autrucho ;
Tout lou mounde l'y troubo offà.
Ah ! reipoun-t-èu, vous sei meitresso
De m'opelâ so, routinier ;
Mâ atende qu'is disian messo :

LOU-ROUMIVAJE DE LIAUNOU,

— Pàubre fa, cherchâ l'aumounier
Que lo vous dijo en doquelo houro;
Notreis peitreis deijunen tous.
Ei toujour monia qui domouro
Dî l'indolenço coumo vous.
Vous faudrio metre dî 'no nicho.
Courei per ôrâ lou boun sen;
Lo grando n'ei belèu pâ dicho
A Sen-Marçàu dî quiau momen;
Mâ ne fosei pâ lo baboïo,
Lou celebran v'atendrio pas.
Gran-marcei, Dy vous balie joïo,
Di-t-èu, l'y vau pourtâ mous pas.
Ensuito au par coumo uno flecho,
L'er eigora coumo un couqui,
Passo d'uno moniero secho,
Coudinio l'un, trepo quiauqui,
Bûti toujour e fen lo pràisso
Per podei beijâ lou prumier.
Penden que tout châ se s'empràisso,
Quàuque drôle, molin oubrier
Per fâ uno vinogrorio,
Mài que s'èro senti toucâ,
Lou se, per veire si au pourio
De tout soun cœur lou fâ bicâ.
L'ôcosy vengudo, au lou pousso
Sur lo chasso d'un tal eifor,
Qu'au crèu que soun nâ s'eicobousso;
Lou san ve; au crèdo : Sài mor!...
Quàucu di que quo li merito,

CHAN SEGOUN.

L'àutre plen soun sor molhurou;
Lou coupable, boun ipocrito,
Lou plen enguèro mài que tous:
De qui ve quelo secoududo?
Li di-t-èu d'un er coundolen.
Ah! maudicho sio mo vengudo,
Reipoun Liaunou; mài l'insolen
Que ne cren Dy, ni so presenço.
Helâ! si au s'ei 'na coufessâ,
Li an-t-is bolia per penitenço
De s'eibatre à me fâ blessâ?
— La, la, l'omi, pouen de coulèro;
Lou trâ-couneisse, li au vaudrài;
Quiau piti diàtre de vipèro
Se moquo de soun prope pài:
Seguei-me dî lo socristio,
L'àigo aretoro votre san:
Remercie Dy, ni mài Mario,
De m'ovei preserva d'autan.
Liaunou lou se, vingt ves repeto:
Si vous lou troubâ, roussâ-lou;
L'autre lou mèno à lo cuveto,
Li fouàito de l'àigo pertou:
Lou san tori, au li desiro
Soun bounhur, so prosperita,
S'eissujo bien e se retiro,
Counten de so sincerita.
Au marcho hountou coumo uno poulo
Qu'un renar ve de deisudâ,
Sor per lo porto ente lo foulo

LOU ROUMIVAJE DE LIAUNOU,

Poreissio mài se remudà,
Perce que qu'ei quelo que mèno
Tout dre dì lo ruo dau Clucher.
Per lor notre home se demèno,
Cour e ne fài pû l'impocher.
Sei perdre de ten, au dovalo,
Brûlo lou pova coumo un fau,
Jusqu'ant' à lo Colejialo.
Las cliochas d'obor li fan pau :
Malo foulici! qualo carcasso
Deven-las vei, mài quàu motài!
Cresc que quan lo nible passo,
Las lo renvouyen bien en lài.
Vau metre que lo grosso crubo
Douas eichambodas de poïs,
Que l'ei pu belo qu'uno cubo ;
Lo dèu eveliâ lous vesis.
E deicenden, au se lo filo
De quis que passen lous prumiers,
E se ran ver lo grando grilo,
Permèno sous eis auseliers
Jusqu'anto qu'au vèu que lo bendo
Se jonoulio dovan l'autar,
E marcho aprei poyâ so rendo,
Qu'èri'aqu'avan qu'au sio pû tar ;
Au lous countrufo per routino,
Se jonoulio, di doux treis mous,
Dissipo soun humour chogrino :
Quel instan li porei for dous.
Do qui, se levan, au l'y volo,

CHAN SEGOUN.

Fài die sinieis de crou per un,
Cresen qu'un peitre en soun eitolo
Di un eivanjile à chacun.
Mâ qualo fugue so pensâdo!
Qu'au fugue rudomen surprei!
Quan daus serjans lo troupo armado
Crèdo : Reculâ en orei!
Ah! sio fa, di-t-èu, sei repliquo,
De louen foràí mo devoucy.
Ne vole pâ qu'aucuno piquo
Me venie perçâ lou bory;
D'aliour, quan voudrio fà en sorto
De beijâ quiau bèu cofre d'or,
Avan que fuguesso à lo porto,
Per lou segur iau sirio mor;
Quis harpolians n'an pâ lo gouto
Per l'y m'empeichâ de grapiâ.
Soudar blessa lou fe redouto;
Mo fo, n'en sentirio las pias.
Notre home tout ple de sojesso
Se me bravomen dî un couen,
Per s'oquitâ de lo proumesso
Qu'au 'vio facho per soun besouen :
Gran sen, gorissei lo virâjo,
Di-t-èu, que me troublo lous sans,
Liaunou vous protesto e s'engâjo
De venî tàu jour tous lous ans ;
Oyà pieta de mo misero :
Si viravo lou blan de l'ei,
Moun pài, mo mài, n'en forian tèro,

De bèu qu'is n'en aurian d'einei.
Ah! si qu'èro eici lo coutumo,
Doux lumeis brûlorian per vous :
Degu n'en ven, degu n'en lumo.
Chaque poïs o sas feiçous.

Pénden que, de touto soun âmo,
Liaunou recito ce qu'au se,
Que tout lou mounde se deitrâmo
Per fâ plaço à quàucu que ve,
Sur-lou-chan un grô run l'eitouno,
Lou bru li fài virâ lou chài;
Un momen au crèu que quo touno;
L'àutre que lo vàuto s'en vài;
Lou serpen, lou bossoun, lo basso
Soun per se daus objes nouvèus;
Mâ lorsque moussû l'oba passo,
Tan d'ôficiers e lous bedèus,
Quo li porei quàuquo mervelio.
Penden lou kirie-eleisoun,
Au ne se si au deur au si au velio,
Si qu'ei lo messo tout de boun :
Lo Mor coumo so sounorio,
Las voux, lous chantreis, lous chopiers,
Qu'ei tout de lo surcelorio,
Qu'au rayo de dî sous popiers.

Leissan-lou qui, mo pàubro Muso,
T'auriâ per me tro de bounta;
Ce que lou surpren e l'omuso
Sirio tantô douas vés counta.
Tournan-nous-en châ lo Charloto,

CHAN SEGOUN.

Per parlà d'un àutre chorei.
Tu jasâ coumo uno linoto,
Quan t'esprimâ bien lou potouei :
Si quàuque fistoun te critiquo,
Dijo-li-me, en grô limousi,
Que so franceso retoriquo
Per te n'ei mâ quan l'obesi,
E que, tanbe que so lardoueiro
Te pique sei sobei coumen,
So teito n'ei qu'uno pedoueiro,
Qu'ei remplido d'un meichan ven;
Perce qu'au meipriso lo forço
Que l'un vèu reniâ dî tous mous,
E quiau ne counei pâ l'eicorço
De l'àubre que lous nuri tous :
Au 'vio rocino en Itolio,
Limojei n'o 'gu daus grofys;
Mâ iau vese que qu'ei folio
De fâ revenî quis precys.
Lo meita de quelo conalio
Trouben tous termeis tro grossiers,
Sei 'vei d'àutro rosou que valio
Que quelo d'essei trocossiers.
Quan uno mochoueiro pesanto
Te balio quàuque vilen soun,
Quan un eitranjer que se vanto
Te tourno à lo reversisoun,
N'oyâ pâ lo mino bourudo;
N'en sei-tu min pleno d'opas?
L'un t'ofenso per obitudo,

E l'àutre ne te coumpren pas.
Fosan qui treivo à notro horingo,
Tournàn vite ver Viracliàu;
Crèu-me, mouquan-nous de lo lingo
Qui de n'àutreis dirò dau màu.

CHAN TROISIEME.

Nous l'y soun : iau vese l'Anniquo
Se chogrinâ prei dau foujer,
Renvouyâ cherchâ Dominiquo
Per veire si l'y o dau danjer,
Li countâ tout, e fâ estimo
D'un garçou qu'ei doû coumo miàu,
Qu'o cuja servî de victimo,
Sei qu'au sio coupable dau màu.
Quo siro re : lo n'en ei quito
Per n'en supourtâ lo molour :
Doux au treis saus d'àigo-de-vito
Sufisen à l'operotour ;
Quo n'ei mâ uno murtrissuro ;
Quo siro be tô empourta ;
Au ne fau pouen de ligoturo,
Tous lous os soun dî lour eita.
Au s'en torno e lo goguenardo,
Soran dies saus dî soun gousse.
Biliounàu crèdo lo moutardo :
Chacun se retiro châ se.
Sen Marcàu finissen lo messo,
Lo proucessy possoro tô :

LOU ROUMIVAJE DE LIAUNOU,

Qu'ei ce que anounco lo meitresso,
Que porto doux boucis de rô.
Anen, di-lo, fosan lo soupo :
Qu'ei segur que Liaunou n'en vau.
L'Anniquo de boun cœur lo coupo,
Rempli l'eicueilo coumo au fau.
Liaunou, penden quelo aboundanço
De sentimens à soun aunour,
*Per vite se rendre s'avanço,
Passo lo foun avec ôrour.
Brenàu se presento à so vudo,
L'àutre lou fu coumo ennemi ;
Mài quiau mouquandier lou soludo,
Mài lou peisan gânio chomi.
Un lino que vèu lo pipeo
Sur lo qualo au s'ei eichauda,
Filo tout coumo un co d'eipeo,
Tuquetan d'un toun eifreda.
Lo souno, l'apelo sei cesso,
Lou pipeàire fài dau mier :
L'auseu redoublo lo vitesso,
Lo vudo l'eigaro dî l'er.
Liaunou vài châ soun auberjisto,
Qu'au coumplimento en begoyan,
E de sous molhurs fài lo listo
D'un er quasimen larmoyan.
Tantô lo ri de lo monieiro
Qu'en se mouquan is l'an rousa,
E de lo chàuso singulieiro
Qu'au di l'ovei tan amusa ;

CHAN TROISIEME.

Tantô, de lo drôlo pinturo
Qu'au fài daus jesteis de lo Mor,
Daus musiciens, de lour pousturo,
De lour soba, de lour transpor.
Mà lo blamo for lo moliço
Qu'en ôran l'y o fa quiau filou :
Anen, Dy vous rendro justiço,
Vous sei pocien, pàubre garçou ;
Qu'ei per v'eiprouvà qu'au v'eserço,
Di lo d'un toun ple de douçour....
Ah ! lou boun bouliou que se verso !
Si lou goû reipoun à l'ôdour,
Crèdo-t-eu penden lo moralo,
Fosei-m'en un pàu, si vous plâ;
Me semblo deijâ qu'au dovalo.
— Heibe, l'omi, prenei quiau pla,
Qu'ei de lo soupo à lo brejàudo,
Facho de levuras de lar ;
Minjâ-lo, penden que l'ei chàudo,
Di-lo, n'en vole be mo par.
Liaunou, que n'o pâ besouen d'àide,
Creuso lou gaje dî l'instan ;
Douas ves lo culieiro se vouàido
Sur tan de leichas coumo avan,
E, de pau que ce qu'ei de resto
Ne chobisse pâ dî soun cor,
Au lâcho jile, ni mài vesto,
Soupiro à lo feiçou dau por.
Qu'èro 'no peitreno forado
Qu'ovio toujour boun apeti.

LOU ROUMIVAJE DE LIAUNOU,

Quan lo soupo fugue minjado :
Coumo vài-quo, pàubre piti ?
Li di quelo pàucho plosento ;
Quelo brejàudo vau-lo mài
Que quelo bujado si sento
Doun is v'an lova lou parpài ?
Vouei morjoun ! leissâ-me en pocinço,
Reipoun-t-èu ; votreis Limoujàus
Ne couneissen pâ de coucinço,
N'ài mâ quan trouba daus moràus.
Per lor l'Anniquo lou flôniardo,
Lou bodinan d'un er grocy ;
Se juro que l'ei so miniardo,
Qu'au mei de setembre, si au vy,
Au mossoro 'no pleno gato
De las nousilias de lour chàu :
Tenei, di-t-èu, quelas qu'un chato
N'an quasimen pâ de noujàu ;
Tro d'ob'houro, sabe l'entrigo,
Las soun tirodas de lour le,
Perce que, per 'vei quàuquo ligo,
Las barjeiras l'y fan lou fe.
Souven l'uno à l'àutro se sàuto,
Per qui l'y pourtoro lous deis ;
Iau las v'envouyoràì, sci fàuto,
Quan moun pài menoro dau boueis.
    Dî quiau ten, passo uno seguelo
De fileusas e d'eipingliers,
Que crèden à pleno cervelo :
Couran, veiqui lous pitoliers !

CHAN TROISIEME.

L'Anniquo de marchâ s'eissayo,
Lo reussî ; pù d'er fâcha.
Lo vài sorâ, d'un humour gayo,
Ce que pourio tentâ lou cha.
L'assuro à Liaunou que l'ànisso
Sen tan de fe dî lou ratèu,
Qu'au lei de minjâ lo broutisso :
L'ài facho bèure à ple budeù,
Di-lo, mài sirio for fachado
De fà coumo dî daus bouchous
Que, quan lo pâturo ei boliado
For esatomen dovan vous,
Ne domanden mâ votro absenço
Per fà jûnâ votre chovàu.
Liaunou làuvo so coumplosenço
Per lou mounde e per lou beitiàu.
Penden quiau diologue lo bouàlio,
Renjo las chodiegras, lous bans,
Pren uno courneto e se couàifo.
Belèu quaucun de sous golans,
Lo vesen brûlado e coualiouso,
Sei s'eimojâ de l'aciden,
Pourio lo creire poressouso
Mài li bolià soun co de den.
En se miran, lo fài en sorto
De repreneî soun er frique.
Las sortèn e baren lo porto ;
Lo Charloto pren lou luque.
    Liaunou deicen coumo lo pàucho
Jusqu'à lo fi dau choreirou,

Sei disputà per lo mo gàucho :
De tàu mounde soun sei feiçou.
Quo n'ei ten ; l'hopitàu deifilo,
Mài lo crou se troubo un pàu louen.
Notre home s'apouyo en lo pilo
De lo meijou que fài lou couen ;
L'Anniquo li fàusso coumponio :
L'ovio trâvu quàuque loquài :
D'un seû co d'ei quelo vilonio
Se coumprenen un ne po mài.
Mâ lo Charloto, en brâvo hôtesso,
Vài prenei plaço à soun coûta ;
L'èro pleno de politesso,
Mài 'vio per se quàuquo bounta.
Bouei vei ! di-t-èu, lo misto chàuso
Que quis pitis ! se-quo marchâ !
Ne sabe pâ coumo l'un àuso,
Tout pes nus, en lours crobechas,
Lous renvouyâ trepâ lo gàulio !
L'y'o de las màis que soun sei cœur.
Lour pàubre piti pe se chàulio ;
Mâ veren-t-is lou mindre pleur !
Visâ si au n'y o quàucun que bujo,
Si qu'o de croto en sous hobis :
N'y o pâ lo mindro berbelujo.
Ne soun-is pâ bien ciberbis ?
I'ài doux nebous dî lo coufrieiro
De notre boun sen Sacromen ;
Crochorià sur lour dovantieiro,
De bèu qu'is marchen sotomen.

CHAN TROISIEME.

Lour besunio ei si be renjado
Lou jour dau precy cor de Dy,
Diriâ, quan lo feito ei possade,
Qu'is se soun treinas dî lou ry.
Lo Charloto per lor espliquo
Quàus droleis qu'ei, quàus soun lours sors :
Lous pàis, las màis de quelo cliquo,
Tous vys qu'is sian, per is soun mors,
Li di-lo, mài tàu lous regardo
Que counei souven soun portre.
Mâ que chacun se doune gardo;
De qui glôsâ n'ei pâ moun fe.

Entre tan passo lo moueinalio,
Liaunou n'en o vu for souven
Châ soun pài, per quàuquo medalio,
Tropâ dau seglie, dau froumen.
Au parlo penden que lo passo,
N'y vesen re de bien nouvèu :
Lous mantèus blans an pertan plaço
Per quàuquore dî soun cervèu;
Mâ quan au vegue qu'en chomiso
Cent droleis, garnis de ribans,
Marchovan sei craniei lo biso,
Bien retopas e bien pimpans,
Tenian hardimen lour chandelo,
Tràucan, pes nus, chaque gaulier,
Chantovan d'uno vou pû belo
Que quelo de soun meriglier :
Ah! di-t-èu, fau que, dî lo vilo,
Lo jen l'y sian durs coumo fer.

LOU RO MIVAJE DE LIAUNOU,

Visâ quelo mino tranquilo,
Tanbe que lour cû sente l'er.
l'aurio d'au min prei mo culoto :
Diriâ qu'is sorten de lour grou.
Mo fo, qu'ei qui que lo Charloto
Se viro ver lou choreirou,
E ri, lo mo dessur lo boucho,
Tan que lou cor l'in po boliâ.
Liaunou crèu que quo sio lo poucho
Que lo fase tan troboliâ.
Per aprei s'etan revirado,
Tan roujo coumo un cardinàu :
Erdy, vous sei bien enrumado,
Li di-t-èu, planie votre màu.
Quan vous sei dî votro coucheto,
Faudrio bèure de boun vi viei,
Bien buli sur lo chauforeto ;
Lou pû pebra n'ei pâ lou pici.
Qu'ei re, di-lo : veiqui lo velio,
Si vous l'y sei tan enteita,
De beijâ lou boun sen Aurelio ;
S'oji d'ètre deigoleta.
Mo fo, si sài, modomoueiselo,
Reipoun Liaunou ; sàute à pes jouens
Lou bac daus pors ni mài no celo :
Tous mous vesis n'en soun teimouens.
Tanmier, countunio l'auberjisto,
Vous podei prenei votre eilan ;
Car vous ne segriâ mâ lo pisto
De quis que possorian dovan.

CHAN TROISIEME.

Lo chasso ve, notre home cracho
Dî sas mas, e cour hardimen,
Sàuto à d'un cliau crouchu, s'atacho
Per so vesto, ne sài coumen.
Balan, lou courier de Ruo-Torto,
Per l'y fâ tenei soun chopèu,
L'ovio eitocha, coumo à lour porto,
Prou for per l'y pendre un vedèu.
Au se làisso 'nâ coumo uno bedo;
Mâ lous fiers pourteurs de brancar
Tenen, jusqu'anto à lo Mounedo,
L'eiquilibre d'un si bèu lar :
Lour brâ dre dessur l'àutro eipanlo
Làisso toumbâ lou countre-pei.
Liaunou ne bujo ni ne branlo.
Lo jen cresen qu'au s'y sio prei
Per quàuquo partido sensiblo.
Quatre couren lou deitochâ ;
Mâ, chàuso eitranjo e bien risiblo !
L'embecile, au lei de marchâ,
Treipo dau pe, racho so glieno,
Crèdan : Iau sài tout eicendu !...
Mài ne denian pâ, dî so peno,
Remerciâ qui l'o deicendu.
Tout lou mounde s'eipoufidavo
Deipei qui jusqu'au Chovole ;
Pâ min lo proucessy possavo ;
Veiqui deijâ sen Donoule.
L'eitouna, sei se dounâ gardo
Qu'au n'ei pâ qui dî sous eiràus,

LOU ROUMIVAJE DE LIAUNOU,

Toujour ver lo tèro regardo,
Quan quàucu de quis pounticàus
Que per aquesî lo pocinço,
Ne tenen pâ lou redoubla,
Dî lou miei dau ry, sei coucinço,
Lou pousso coumo un sa de bla.
Lo bilo li mounto ; au se lèvo,
Lou cû goutan coumo uno foun,
Pren un roc. Tous li crèden : Trèvo ;
Fujei d'oqui, n'y fài pâ boun.
Au s'aupenio, quan soun hôtessó,
Que 'vio courgu per l'emmenâ,
S'aproucho de se, lou coresso :
L'omi, di-lo, fau v'en tournâ.
Au lo se secouden lo teito :
Lo li fài leissâ soun coliàu.
— Vous 'vei bien fa ; per lo tempeito !
'Guesso mossocra quiau moràu.
Que lou diable emporte lo vilo,
Di-t-èu, mài quiau que l'y ei vengu !
Lous surciers s'y counten per milo ;
Crese qu'is m'an tous subrevu.
Si n'ovio pâ fa mo prejeiro
Quan iau sài sorti de moun lie ;
Si 'vio quàuquo humour eitranjeiro
Qu'au mounde pouguei fâ deipie...
Mâ tan s'en fau ; car qui m'empluyo
Troubo châ me soun servitour.
Tenei, morjirei ! quo m'einuyo
Qu'is me jugan entàu lou tour :

CHAN TROISIEME.

Mo vesto s'ei touto crebado,
Moun hobi niau semblo un tourchou...
Si dorei quàuquo grofouliado,
Bien arma d'uno bouno hochou,
Vesio possâ quiau fî de puto,
Li forio perdre lou janzi
De venî me cherchâ disputo.
Quiau che de mino de transi!
Chut,... li di-lo, votro menaço
Vous ser coumo l'as de carèu;
Cresei-me, leissâ-lour lo plaço,
V'ariborio quàuque bourèu :
Toujour quàuque vilen quar d'houro
Troublo lou repàu d'un chacun;
Quiau qu'en pa lou moti domouro
Sen l'en sei un trouble impourtun.
Countâ que touto autro persouno
Pourio vei lou meimo aciden ;
Sufi qu'un aye l'amo bouno,
Per que l'un sio tenta souven.
I'ài vu, dî talo circounstanço,
L'un regretâ soun so cossa,
L'àutre mountâ, per deipitanço,
Sur quiau que l'ovio surpossa;
Quiau-qui s'ètre fendu lo cilio
Per 'vei hurta countre lou bor,
E quiau-lài planiei so chovilio
Supourtan à peno soun cor;
Mài for souven quàuquo friqueto,
Moutran un cœur daus pû zelas,

L'y leissâ coueifo mài bouneto,
Tournâ lous piàus eichovelas.
 Lo fài tan que l'obte lo palmo
De lo victôrio de soun cœur.
Liaunou souri, soun fe se calmo ;
D'aliour, au n'ei pâ quereleur ;
Mâ pourtoriâ souven lo lingo
Sur lo den que nous fài credâ ;
Quàucus, per lou bou d'uno eipingo,
Juren coumo daus possedas.
Au n'y o qu'an lo teito voulajo,
Que v'ensulten dî l'ôcosy.
Per se crèu quelo fenno sajo,
Sei qui tan fà de l'home vy ;
Car, tanbe que l'home en chomiso
Li aye fa mochâ lou coude,
E qu'à lo fi de quelo criso
Lo jen lou moutran tous dau de,
So mino, louen d'ètre eiferablo,
Quan au 'gue 'gu quelo leiçou,
Porogue touto rosounablo :
Mâ be èro-quo un brave garçou !
Souven, en jugan à lo troïo,
Disputan per quàucun daus cros,
Sous coumponious se fosian joïo
De boliâ ferme sur sous os :
Au be, lorsque qu'èro à lo poco,
Que soun desir èro tro proun,
Is lou butian, e quàuquo croquo
Toujour aribavo à soun froun.

CHAN TROISIEME.

Cambe souven à lo mo chàudo
Vio-t-èu devina lous fropeurs,
E vu deimenti lo cliopàudo
Que li boliovan quis menteurs !
Eh be, louen que quelo borelio
Li foguesso quàuque degrèu,
L'innocen, doû coumo uno ovelio,
S'eibotio au deipen de so pèu.
Qu'èro, en d'un mou, lo meliour pâto
Daus droleis de tout Sen-Marti ;
Car mo muso se forio gàto
De tan soutenei soun parti.
 Penden touto quelo moralo,
Sen Rustique 'vio trâpossa ;
Lo crou de lo Colejialo
Porei avan quàu sio ploça.
Au se reme doun à so pilo
Per veire lou boun sen Marçau,
Jujan, coumo chàuso inutilo,
D'entreprenei quàuqu'àutre sàu.
Lo plajo n'ei mà quan tro freicho,
Di-t-èu, lou boun sen l'y auro eigar ;
Ne vole pâ que moun màu creicho,
N'en ài plo 'gu mo bouno par.
Ah ! di-t-èu, d'un er de surpreso :
Vei qui lous pitis soletas
Qu'hei moti 'vian fa l'entrepreso
De fà tan de meichancetas :
Vei qui plo lou bufo-barboto
Que quasimen vous forio pau.

LOU ROUMIVAJE DE LIAUNOU,

Visâ, domoueiselo Charloto,
Quiau que ressemblavo un vrài fau.
Que vau dire quelo pelisso
Qu'an sur lous bras tan de cures?
Vouei, tan be que lo sio bien lisso,
Quo fài daus paromens bien les.
Me dôte que qu'ei lo deipoulio
De quàuqueis mounstreis si meichans,
Qu'avalen, coumo uno gronoulio,
Lo jen, meimo lous pû puissans.
L'y o quàuquas ves que quó vous suço.
Belèu lou sen 'vio tua quis lous?
Pàubre fa, di-lo, qu'ei 'n'aumusso;
Lous chonoueineis n'en porten tous.
— Veiqui plo quelo belo cano
Qu'ovio quiau gran boune fendu.
Per mo fe, crese qu'au l'ofano:
Mài si quo li èro defendu
De fà lo mindro permenado
Sei quiau batou recourquilia,
So mo sirio tô fotigado,
Quan au se trobo en taù bilia;
Car soun vicari que lo porto
Lo sâro de sous doux pounicis.
Iau n'ài vu jomài de lo sorto
Pourtâ de cano e de bouneis.
Aih! vous ne disei-re que valio,
Seniâ-vous, di-lo, prejâ Dy.
Visâ moussur l'oba que balio
Sur lo jen so benedicy,

CHAN TROISIEME.

Ofrèi de louen à lo reliquo
Votro counfianço e votre vœu ;
Ne risquei pâ de co de piquo,
Car v'auriâ belèu vilen jeu ;
Notre boun sen, quan un l'invoquo,
Fài daus miraclieis tous lous jours :
Quan moun opressy me sufoquo,
Qu'ei ver se qu'ài d'obor recours.

Liaunou fài ce que lo desiro.
Tout ei possa, lo foulo ve :
Chacun ver châ se se retiro ;
Lo fài de meimo, e Liaunou se.
L'Anniquo, qu'o regre dî l'âmo
D'en taù quitâ soun amouroû,
Car quis lecho-cûs de modâmo
Fan daus diologueis sobouroux,
A meijou se ren lo darniero,
Sei planiei queisso ni ratèu.
Ah ! veiqui plo lo bouno oubriero !
Di notre home quan au lo vèu ;
Lo m'o vu pendu, mài per tèro,
Sei marquâ lou mindre chogrin...
Ne me fosei pâ tan lo guèro,
Li reipoun-lo d'un er mutin.
Car i'ài renvouya tout de suito
Vous secoure dî l'emboras,
E quiau que tout à hauro me quito
V'o soutengu de sous doux bras.
Eh be, repren-t-èu, sei rancuno...
Ne cresio pâ vei tan de tor ;

TOME I.

LOU ROUMIVAJE DE LIAUNOU,

Me souvendrài, pitito bruno,
De quiau secour jusqu'à lo mor.
Si vous poudio 'vei per coumpanio,
Vous ne restoriâ gàire cici.
Tenei, n'àime pâ lo campanio,
Li reipoun-lo, mâ gran-merci...
D'aliour, iau sài no pàubro filio
Que ne vous forio pâ gran be.
Tan piei, di-t-èu, lou pài Garguilio
Me vau fà dire un riche abe.

Is fan aprei lou porolelo
De lour chuto et de lour molhur.
L'Anniquo di : Qu'ei bogotelo ;
N'oven d'enguèro dau bounhur.
D'àutreis que nous, queto journado,
Si 'vian 'gu de tàus countretens,
Sirian tous en copiloutado ;
Mâ nous deven être countens.
Maugra quelo bourelorio,
Nous n'oven re de danjeirou :
Tan s'en fau, qu'ei 'no drôlorio.
Nous ne soun pâ tan danveirous.
Au ri : cepenben au n'en pesto,
Sunian qu'au n'en o be prou 'gu.
Soun nâ, soun coude mài so vesto
Li balien presque lou sangu.
Lo Charloto alor li domando
Si au minjorio quàuque croutou.
Liaunou reipoun : que Dy v'au rando ;
Vous m'ovei prou douna de tout :

CHAN TROISIEME.

Si fau, poyorài mo deipenso.
— N'au crese gro, moun pàubre omi,
V'ovei be prou fa penitenço.
Que Dy vous counserve en chomi,
Mài vous pàiche boliâ per guido
Votre boun anje protetour.
Que degu n'aye lo butido
De vous jugâ quàuqu'àutre tour.
Ne poyei mâ per lo mounturo :
Mo fo, lou fe me côto char,
Mài, de segur, sur so pâturo
Ne ganie pâ lou mindre liar.
Sept saus ne soun pâ grando chàuso;
— Noun gro : lous veiqui, sorâ-lous;
Votro bounta siro lo càuso
Que d'hei 'n'an tournorài châ vous.
Leissâ-me, si au plâ, 'no ridorto ;
N'ài gro fa quelo pèrvisy.
Si l'ôblidavo de lo sorto,
Mo mài me minjorio tout vy.
D'aliour, lo m'àimo coumo micho
Di-t-èu, mài quan moun màu me pren,
Lo pàubro fenno n'ei pâ chicho
De m'ovei dau po de froumen.
Prenei quelo, di lo Charloto,
Vous n'en ovei qui per siei blans ;
Vole ètre uno folo, uno soto,
S'is lo vous dounovan aus bans. .
 Quàucun qu'en medisen s'engràisso,
Que languirio sei chipoutâ,

LOU ROUMIVAJE DE LIAUNOU,

Me diro qu'en possan per Aisso
Liaunou n'en poudio be chotâ.
N'en ei d'oquo coumo daü resto;
L'un n'y sunio mâ quan quo ve.
Fài piei quiau que juro e que pesto
Per poudei troubâ ce qu'au te.
Mâ au lo payo tout de suito,
Disen : A Dy siâ, 'nâ m'en vàu;
N'y o si bous omis di lo vito
Que ne se quitan à perpàu.
Que lou boun Dy vous beneisisso,
Ni mài quelo filio qu'ei lài.
M'en vau 'nâ querî moun ânisso;
D'oqui, si Dy plâ, m'en iràì.
L'y vau, li disse lo sirvento;
Ne bujei pâ, remetci-vous :
Me charme d'ètre coumplosento
Per un camponiar aussi dous.
Lo par e l'o bientô menado.
Liaunou lour di, lou chopèu bâ,
Ady; jusqu'ant'uno àutro annado,
Sei màu nous pàichan-nous troubâ!
Me souvendràì de votro porto,
Dau choreirou, dau foumorier.
Au mounto, e so beitio l'emporto
Prountomen jusqu'à Moun-Molier.

Ah! qu'ei plo ten, mo pàubro Muso,
De sortî de quiau cobore :
Iau te domande bien escuso
De t'y 'vei fa languî per re.

CHAN TROISIEME.

Que volei-tu? dì moun histôrio
Las fennas an 'gu tro de par;
E, quan l'an parla, lo memôrio
Ne se deiboujo que for tar.
Qu'ei de franchas lingas de pelio,
Que ne saben pâ se bournâ.
Vài-t-en deicrossâ toun ôrelio,
Las lo t'an plo facho cournâ.

CHAN QUATRIEME.

Lo vilo poreissio deserto :
Quo n'èro pû quiau mouvomen ;
Vous 'guessâ di que quàuquo perto
Causavo de l'eitounomen,
Sur-tout dî l'Andei-de-Moninio,
Lo Crou-Nèvo mài Croucho-d'Or,
Treis ruas d'une tristesso indinio :
Chacun l'y regretavo for
Lo proucessy, lo multitudo
De quis que venen de pertout,
Qu'ovian charma lo solitudo
Que reniavo dî soun cantou.
Quàuqueis-us doun lo mino pietro
Moutro lour espri atocha,
Fosian tirâ de lour fenetro
Quàuque vici topi tout tocha ;
Plusieurs grans-pàis 'vian à lour tablo
Lours nôras ni mài lours garçous,
Que lour countovan quàuquo fablo
Per poudei 'vei quàuqueis peçous.
D'àutreis châ quàuque comorâdo
Fosian l'eiloje d'un chambo,

CHAN QUATRIEME.

E d'uno santa repetâdo
Poyovan chacun lour eico.
Lo diminucy de lo foulo
Ressemblavo, dî quiau momen,
Au deibordomen que s'eicoulo
Per leissâ lou meimo couren
Au lie reglia d'uno rivieiro.
Las peisonas per lous chomis
Relevovan lour dovantieiro,
Per tournâ troubâ lours pitis,
Quan Liaunou chomino en so sàumo,
Parlan toujour entre las dens,
E soun espri jomài ne chàumo
Per repossâ lous acidens
Qu'au ve d'eissujà dî lo vilo;
Mâ ropelan lou souvenî
De soun hôtesso tan civilo,
Quo lou fài d'obor revenî.
De ten en ten l'ardour l'embrâso
De poudei bientô aribâ :
Penden douas ves, dî soun estâso,
So ridorto cuje toumbâ.
Li 'ei 'vî deijà que lo Franceso
Li domando coumen quo vài :
'Vei-vous bien fa votro entrepreso?
Que l'y o-quo qui? que l'y o-quo lài?
Au se que faudro qu'au li au dijo.
Dy lou garde d'ètre menteur
Enver uno si bouno omijo;
Qu'ei lo miniardo de soun cœur,

LOU ROUMIVAJE DE LIAUNOU,

E quelo, si Dy lou counservo,
Que countentoro soun omour.
Au li au vau countâ sei reservo,
Dovan que sio lo fi dau jour.
Coumo quelo ideo lou pràisso,
Notre home vài coumo un ausèu,
Countunian soun chomi jusqu'Aisso
Sei 'vei de countreten nouvèu.
Qu'ei vrài que lou poun de lo vilo
Lou fài soupirâ en possan,
E qu'au li mounto un pàu de bilo
Quan au se souve de soun san.
Mâ bat! au piquo de moniero
Qu'au ne cranie pû lous copous,
Tanbe que so beitio auzeliero
Soufle sur l'endre molhurou.
Dî pàu de ten au fài so routo.

Lou veiqui qu'aribo au pàissei
Ente sò meitresso, sei douto,
Devio se troubâ quete sei.
Lo lou vèu, lo lou coumplimento,
Li domando soun pourtomen,
E Liaunou, de feiçou plosento,
Reipoun à tout poulidomen.
'Vei-vous vu de chàuso nouvelo,
Li di-lo, châ quis Limoujàus?
Lo proucessy l'y èro belo?
Cambé valen lous potoutàus?
Per te dire moun aventuro,
Noüs n'aurian jusqu'anto à lo ne;

CHAN QUATRIEME.

Vole 'nâ sorâ mo mounturo
Ni mâi me pausâ sur moun lie.
D'obor qu'auràì channia de vesto,
Demo sei fàuto tournoràì
Per te countâ touto lo resto :
Tu saubrâ bouri-t-e bolài.
Mâ veiqui lo meliour partido.
Te parle pâ dau cobore
Doun i'ài vu lo pàucho eimolido
Voulei m'eicopijâ per re ;
Ni de l'entalio e de lo croquo
Que moun visaje o reçôbu ;
Ni dau medeci que se moquo
D'un paubre eitranjer meisôbu.
Te vau menâ, sei deivirado,
Dî l'eiglieijo de Sen-Marçàu,
Ente faudro que chaquo annado
M'en torne prejâ per moun màu.
L'y sài 'na venerâ lo chasso,
Mài m'enmessâ, tan be s'avei :
Mo fogu d'obor tournâ faço.
Daus gueriers gardovan lou lei.
Sei voulei fà lo chàucho-buto,
Coumo quàucu de quis soudars,
Me sài mei, fujen lo disputo,
Ver lou pû piti daus autars ,
Qu'èro garni de mousselino,
D'unas buretas, d'un pintou,
Qu'èro de motiero for fino,
Mài d'un bèu pla grova pertou.

LOU ROUMIVAJE DE LIAUNOU,

Dî quiau couen me cresio à mervelio
Per veire tout sei me jeinâ,
Eh be, mo filio, i'èro à lo velio
De m'en fujî sei rosounâ.
Car un ôgre, qu'o 'no sautàino
Larjo coumo un sa de teissier,
Que, dî chaquo manjo que tràino,
Metrio de bla mài d'un seitier,
Qu'apouyo dessur soun eipanlo
Soun grô bâtou d'arjen mossi,
M'o poussa, me disen : deibranlo
Vite, retiro-te d'eici.
— Ne cresio pâ que quelo plaço
Pouguei jomài tentâ quàucu.
— Tu rosounâ, fichu brodasso?
Mo fe t'aurâ d'au pe-t-au cu.
Qu'ei plo per lor qu'au lei de joïo
Moun pàubre cœur 'vio dau regre;
Mâ m'o fogu fâ char de troïo,
Maugra mo heino e moun deipie :
I'ài vite vira ver l'eichalo,
Chaupissen ràubo mài jounèu,
Fujen l'autar coumo lo galo,
De pau de quàuqu'àutre bourèu.
Mâ dî lou ten que m'en onavo,
N'en ei vengu n'àutre porier
Qu'en so verjo negro eimanciavo
Tous quis qu'èran dî quiau cartier.
Plaço! disio-t-èu sei tendresso,
Reculâ-vous per fâ possâ :

CHAN QUATRIEME.

Ne veṣei-vous pâ que lo messo
Dî lou momen vài coumençâ?
Lo foulo s'etan retirado
Per li fà lou chomi pu gran,
I'ài vu per lo porto griliado
Venî quàuquore d'eitounan.
Jomài s'ei vu chàuso si belo :
Doux pitis jauneis marmisous,
Tenen chacun uno chandelo,
Marchovan lous prumiers de tous,
Tan freicheis coumo uno sireijo :
Lour comisolo de dra d'or
Fosio veire que quelo eiglieijo
N'ei pâ sei 'vei quàuque tresor.
D'obor aprei seguio 'no filo
De sept peitreis bien harneichas,
Marchan d'uno mino tranquilo,
Lours eis sur lo tèro atochas :
Lou darnier, pourtan sur so teito
Lou meitre boune per lusî.
Visavo, de moniero hôneito,
Lou mounde per lous beneisî.
So cano, qu'èro recourbado
Tout coumo lo quouo d'un chonei,
Ni mài so crou, qu'èro daurado,
Lusissian coumo lou soulei.
Tout brilio, jusqu'à so chaussuro ;
Qu'ei tout or sur sous souliers blans :
Sas mitas 'vian uno brouduro
Touto pinado de clinquans.

Doux tenian, per lo benderolo,
Chaque couta de soun touailiou,
E doux, qu'èran sei comisolo,
Sous bouneis e soun lampeirou.
Un troisieme l'y o prei so cano,
Quan is soun eita ver l'autar;
Mo fo, dî quiau ten, lo miaugrano
Me fosio plo mountâ lou far;
Car lo foulo que me chauchavo
Me fosio crebâ de cholour,
E moun eichino rigolavo,
De bèu qu'èro surti de suour.
Per bounhur, mo pàubro Franceso,
Quan tout quiau trin o 'gu possa,
Ver lo plaço qu'is nous 'vian preso
Lou mounde s'ei vite avança.
Mo peitreno èro d'heilenado,
Si n'èro eita quiau dou momen;
I'ài jauvi d'uno respirado,
Mâ qu'o dura bien courtomen.
Tan qu'is me foulovan sei cesso
Coumo un veritable chaussou,
I'ài vu que quiau que di lo messo
Ne lo se pâ dire tout sou;
Fau que lo sio dî quelo vilo
Pleno d'*oremus* mài qu'aliour,
Au que lo sio pû dificilo
Per 'vei tan de mounde alentour;
Au que lo coutumo sio talo,
Tu sabei que notre cure

CHAN QUATRIEME.

Di soû lo messo porofialo :
L'in n'en ài counta cha de die ;
Mâ, tan be que lo sio bien lounjo,
Sous pes ne li fan pâ de màu ;
Car au domouro, sei meisounjo,
Sur un bèu fauteur de repàu,
Servi coumo lou rei de Franço,
Per lou min lo meita dau ten,
E per li boliâ de l'eisanço
Chacun se disputo lou ren.
  'Vio domoura mài d'un quar d'houro
Tan buti, coudinia, chaucha,
Que voulio channiâ de domouro
Sei craniei de fà de pecha.
De tout moun cœur iau troboliavo
Per poudei me tirâ d'oqui,
E mo peno à màu s'en onavo,
Quan i'ài vu veni lou couqui
Que de segur semblo uno môno ;
Mài que, si vous lou cresei pâ,
Dî lou bèu miei dau cû vous dôno,
Que fosio segre pâ à pâ
Doux peitreis marchan en silenço,
Doun l'un servio de porto-crou,
L'autre pourtavo en reverenço
Quàuque libre ple de plastrou,
Cuber d'une belo medalio
Que lusissio sur dau velour :
Me sài tira, valio que valio,
Per poudei me ploçâ aliour.

TOME I.

LOU ROUMIVAJE DE LIAUNOU,

D'oqui, lous seguen à lo pisto
Jusqu'anto au bâ d'un gran bole
Doun l'eichalo ei bruno mài tristo,
Quiau grô ventre de peiroule,
Quan i'ài vougu deibrî lo porto
Per poudei mountâ dî lou hàu,
M'o reprimanda de lo sorto :
Crese, m'o di l'ôre brutàu,
Que faudro lo moreichaussado
Per t'empeichâ d'ètre impourtun ?
— Helà ! veiqui lo soulo annado
Qu'eici mo boucho o fa dau fum ;
Oyâ pieta de lo beitiso
D'un pàubre innocen d'eitranjer,
Que, si au v'o fa quàuquo sotiso,
N'en counei pâ tout lou danjer.
Ne voudrio pâ vous fà de peno,
Li ài reipoundu lo larmo à l'ei,
Lo plaço à sû n'ei pâ si pleno
Que pàiche vous fà de l'einei.
I'ài pertan toucha so coucinço.
Mounto, fermo lou pourtonèu,
Tu me foriâ perdre pocinço,
M'o di quiau mino de bourèu ;
Mâ meto-te dî quàuquo plaço
Que tu ne fasei pâ de bru,
Car te boliorio de mo masso
Sei marchandâ ! t'au disé cru.
Sài mounta, fier de so reipounso,
Coumo un garçou qu'o mena blan,

CHAN QUATRIEME.

E qu'au chopèu 'vio fa lo brounso,
Quan au l'y fouliavo en tremblan.
Iau n'ài pâ 'gu gania lo cimo,
Que me sài gandi per un bou,
Disen : si quiau goliar s'animo,
Tâtorài plo de soun bâtou.
Per bounhur i'ài gania mo cordo;
Lou porto-libre oyan chanta
Quàuquore que fài qu'un s'acordo
Per ne pû domourâ planta,
Qu'au prumier mou vous semblorio
Qu'en bâ îs fan de lours celous
Daus martèus de popetorio,
Qu'un aprei l'àutre frapen tous;
Moun revenan à grando ràubo,
Per tournâ menâ quiau porei,
Fujen coumo qui se deràubo,
Ne m'o mâ vu per lou dorei.
Quan l'ài vu deicendre l'eichalo,
M'èro ovi qu'èro en porody.
Me rejauvissio que lo malo,
Ni mài n'en remerciavo Dy.
Mâ crese que d'un quar de lego
Quis surciers sentian moun ôdour;
Car iau n'en ài vu, tout de sego,
Doux que fosian lou meimo tour.
Is 'vian aumenta lour coumponio
De doux pitis porto-flambèus,
E quelo jibe de vilonio
Menavo doux peitreis nouvèus.

LOU ROUMIVAJE DE LIAUNOU,

Quan i'ài vu veni quelo troupo,
Me sài transi coumo un chovàu
Que sen quàucu dorei so croupo,
Que ne vau mà li fà dau màu.
Mâ for souven l'home s'inquieito
Bien mal à perpàu sur soun sor :
Quan un o lo froyour en teito,
Touto oumbro nous porei un mor.
Iau cronio tan quelo sequelo,
Que n'en èro tout interdi ;
Eh be, qu'èro uno bogotelo,
Lou diâtre lo be qu'is m'an di.
Me sài mouqua de mo feblesso,
Tout aussitô qu'ài 'gu coumprei
Qu'is disian un trô de lo messo ;
Chacun di seloun lour emplouei.
Quis darniers ovian per lour tacho
Lou sen eivanjile à lejî ;
Qu'ei per hoquo que l'un atacho
Lous eis fissomen dessur î.
Tout dî lou chantodour se miro,
Jusqu'anto qu'au sio deicendu ;
Lou quîte gran-peitre se viro,
Coueifa de soun boune fendu.
L'un se senio e fài lo coulado
Tout coumo is lo fan ver châ nous ;
Lous peitreis, lo teito beissado,
Dever l'autar se viren tous.
Quiau mounde, lour tacho remplido,
S'en soun tournas sei me fà tor.

CHAN QUATRIEME.

Qu'ei qui que tu sirâ transido;
Se me bien dî tout moun ropor.
   D'obor, per te countâ lo chàuso
Sei que tu l'y troubei d'ofâ,
Te dirài que, penden lo pàuso
Qu'is restovan sû sei re fà,
Doux que porten sur lour eichino
De bèus mantèus broudas d'or fi,
De pau qu'is prenguessan rociño,
Tout d'en pes jusqu'anto à lo fi,
An quita tout d'un co lour plaço,
S'entre-soludan coumo au fau,
Per se permenâ dî l'espaço,
Tantô de sû, tantô de çau.
T'oguessâ 'gu de lo coulèro
De lous veire d'un er glory
Se carâ, lo prestanço fièro,
Sei 'vei de respe per lour Dy.
Dî quelo eiglieijo l'un obuso
De lo bounta de sèn Marçàu :
Is s'en soun tournas ver lo buso
Que porto lou libre messàu,
E prenen, seloun lo boutado
De lour teito e lour esperi,
Uno cano d'arjen mounlado
Coumo un bâtou de peleri,
Se soun meis de feiçou coumodo
Per visâ quiau qu'o sû chanta,
Car quis doulieis saben lo modo
De bien meinojâ lour santa.

Qu'ei re d'enguèro que lour fàuto :
Tan piei per is s'is soun pimpans.
Mâ de veire soû quelo vàuto
Qu'uno foulo de sacripans,
Ples de vi, de surcelorio,
Venian qui fà lour carilioun,
Mo fe lou san vous bulirio;
Mâ t'au vau countâ tout dau loun :
    Quis que m'ovian rendu visito
N'an pâ 'gu pleja lour poque,
Qu'un grô ivronie que merito
D'ètre trota de freluque,
Qu'un distingavo dî lo troupo
Per ètre un boun Rojer-Boun-Ten,
O coumença, deibren lo goulo,
Soun *Patren jarnipotenten.*
D'obor doux qu'àimen lo zizoueino,
Per moutrâ qu'is chantovan mier,
E per li atirâ quàuquo goueino,
Se soun fourja chacun lour er.
Vei n'en qui d'uno àutro vengudo :
Quatre pâ pû grans que daus chaus,
Sur lour sessàume oyan lo vudo,
S'eissicliovan coumo daus faus.
Is 'vian sur lour teito rosado
'No coloto roujo, e lous cors
'Vian dessur uno àubo empesado.
Quis cheis fosian daus cris si fors,
Qu'un qu'èro qui que lous counduisio
N'en ovio be tan de deipie,

CHAN QUATRIEME.

Qu'au lous menoçavo, e lour disio :
Pitis, vous levoṛài dau lie.
Mâ bat! is 'vian dî lour cervelo
Quàuquo furour de perchantâ,
E lo fouje dî lo jovelo,
Per ne pâ voulei l'eicoutâ.
Si tu cresiâ que quelo enjenço
Se deinio metre de jonouei
Quan l'eilevocy se coumenço,
Jomài pû tu n'auriâ tan prei.
Qu'ei per lor qu'ài vu 'n'àutro autieiro
Que me poreissio un boun vàurien;
Car, au lei de fà so prejeiro,
Coumo lo fài tout boun chretien,
L'aupenia me fosio 'no mino
Coumo quelo d'un devouya,
Repetan lo meimo routino :
Alleluya, alleluya...
Renar soli, t'â de lo taro...
— *Tu ne sei qu'un more viti...*
Tu ne pourtâ re, garo! garo!...
Dre sur eici, dre sur eici...
— *Orá per dau nôbi,* credavo
L'àutre, qu'èro ple coumo un iau.
Tan mài lou meitre l'eimanciavo,
Tan mài lou cheiti venio fau.
T'â be vu, per 'no bogotelo,
Notras fennas s'entreprenei :
L'uno pesto, e l'àutro l'opelo
Dau noum que lo troubo lou piei.

De lài n'en ve uno empreissado,
Lous eis furys coumo un serpen,
E doun lo lingo ei plo filado,
Que di cent mous di lou momen.
Sur-lou-chan lo troupo s'aumento;
Las fan un soba de molhur;
N'auvirià ni rosou ni plento,
Mâ quan dau bru e dau marmur.
Is fan piei, car las soun defôro :
Per is se mouquen dau boun Dy
Jusquo dî so propo domôro,
Sei 'vei lo mindro devoucy.
Quàuqu'àutre demoun en coulèro,
Qu'ovio pourta de dî l'anfer
Uno barboto au 'no vipèro,
M'eitoune be d'enguèro mier :
L'ei tan grosso coumo lo queisso,
Negro coumo un vrài tartori;
So teito fini en eitreisso :
Mo fo, lo vous rendrio eipauri.
Lo fermavo si for so gorjo,
Qu'au bufavo, tout en furour,
Coumo lou soufle de lo forjo
Dau moreichàu de notre bour.
Per lo flotâ au li possavo
Sous deis douçomen sur lo pèu;
Mâ lo cheno s'eibromelavo
Dî l'eiglieijo coumo un taurèu,
L'àutre jugavo d'uno fleito
Qu'ei tan grosso coumo un borou;

CHAN QUATRIEME.

Malo fouliei! lo belo eipleito!
Lo cinq pes de lo cimo au bou.
L'ôre sâle qu'o lo pretiquo
De bufâ dî quiau gran aubouei
Lo fài rundî toujour per piquo
Coumo un che que l'un trato au piei.
   Un àutre diâtre de monobro,
Tantô siclia, tantô leva,
Me sejavo, boun jour, boun obro,
Quàuque grô trô de bouei cova,
Tan be qu'un àuve, sur l'eicorço,
Coumo lou bru d'un burgaudier,
L'aupenia, de touto so forço,
Troboliavo sur l'atelier.
Las treis quatre cordas qu'au sejo,
Sei n'en cossâ lou mindre trô,
Moutren que lou diable qu'au prejo
Se troubo luja dî quiau crô.
Doux clioquetàireis en coulèro,
Lous piàus feris coumo un chovan,
De lours pes fropovan lo tèro
Sur un guindre qu'èro dovan.
Is 'vian un popier de chicano
Que lour fosio moutrâ las dens
Coumo uno jumen que rochano.
Mous goliars èran plo countens ;
Mâ quan is vesian lo boutado
Do quiau que tenio lou biliou,
Quelo conalio deifargado
Jugavo un er de leberou.

LOU ROUMIVAJE DE LIAUNOU,

Au, per mier dire, uno sautiero
Facho per lou jour dau soba,
Quan lou bouc, chef de lour coufriero,
Lour fài beijâ soun cû creba.
Qu'èro uno francho mouquorio.
　N'en ài vu, deipei lou bole,
Quàuqu'àutre dî 'no golorio
Qu'ei jugodòur de goubele;
Car au fosio sounâ sei peno
De violouns mài de vingto-cin,
De chobretas uno trenteno,
D'auboueis quotorze per lou min.
Au tournavo e tordio so teito;
Sas mas 'novan coumo un bruze :
Quo rouflavo que lo tempeito;
Mài degu n'y toucho que se.
Dî lou bâ de quelo mochino
L'y o plusieurs chovilious mouvens,
Que plejen sous so pàuto fino
Quan au fài 'nâ tan d'instrumens.
I'ài plo vu lo poriero peço
Dî l'eiglieijo de Sen-Michèu;
Mâ ne sobio pâ que lo 'guesso
Lou soun si brave e si nouvèu.
Qu'ei re. Vei qui be 'n'àutro bleito
Que t'aurâ peno à deiboujâ :
Quelo qu'en de l'àigo beneito
L'un ne po pâ fâ deilujâ,
Quan lo ve torsei lo courniolo
Daus blouns, daus roujeis, mài daus bruns,

CHAN QUATRIEME.

Que se moquo quan lo desolo
Lous porens daus paubreis defuns;
Lo Mor, lo diable de pecoro!
Dy me pardoune si ài jura!
Que fài pau, de bèu que lei ôro,
Qu'o lou ventre tout eicura;
Tan be que lo fase ripalio
Daus dres, daus boussus, mài daus tors;
Que lo devoure lo conalio
Tout coumo quis qu'an daus tresors,
L'y ei duchado sur uno boulo
Sur lo quàu l'apouyo soun dar.
Si tu vesiâ lo grando goulo
Que lo dessous soun nâ comar,
T'auriâ tô lo mino channiado;
Fau que lo ne cranie degu.
Doux cos de roc l'aurian coueijado
Cent ves si l'un oguei vougu;
Mâ lo jen lo làissen tranquilo,
Tan be que lo n'aye pâ d'eis:
Si li fosian mountâ lo bilo,
Belèu n'aurian-t-is sur lous deis.
Maugra so for magro courpouro,
Faudrio veire virâ soun cau,
Quan ve lou ten de sounâ l'houro...
Pren me, si tu vouei, per un fau;
Mâ te diràï que quelo cheno
Poreissio si for se fachâ
Que per lou segur i'èro en peno
De ne pâ poudei me cochâ.

LOU ROUMIVAJE DE LIAUNOU,

Avan que lo venguei meichanto,
Quàuquas cliochas, d'un soun tan vy,
An di l'er que lou cure chanto
Quan au fài quàuquo proucessy.
Dî lou momen quelo mangano,
Qu'o lous deis coumo daus mechous,
Que ne cren pâ que lo gangrano
Se mete dî sous bras sechous,
O leva soun dar per secousso,
Quo 'na toucâ dî lou bèu miei
De quelo boulo touto rousso.
Mâ ce que l'y trobe de piei,
Qu'ei qu'à meimo ten qu'au li dono,
Car lo surciero o mài d'un souen,
Quàuqu'àutro grosso cliocho sono,
Tan be que lo n'en sio bien louen.
Viso si t'â vu de to vito
De topaje que sio porier?
Diriâ que lou diâtre l'y abito
Per empeichâ chaque eitranjer
De prejâ Dy qu'au lou benisso,
Perce qu'au se que lou boun sen
Nous preservo de so moliço.
Vei n'en qui prou per lou presen.
Dijo, ne sei-tu pâ surpreso?
Mo fo plo, moun pàubre Liaunou,
Li repartigue lo Franceso :
Demo countâ-m'au jusqu'au bou.

Dî quiau ten chacun se desiro
Lou boun sei e lo bouno ne.

CHAN QUATRIEME.

Liaunou ver châ se se retiro :
L'àutre à soun troupèu retourne.

Gran-marcei, Muso camponiardo ;
Pourto quis vers sur l'Helicoun :
Tu sei simplo, drolo e goliardo,
Tu pourâ fâ rire Apoulloun.
Quan au lejiro quàuquo peço
Que lou foro murî d'einei,
Quelo farço, dî so tristesso,
Pouro li servî d'eibotouei.
Iau t'ài parla per ironìo,
Per te boliâ un er sery ;
Mâ qu'èro uno ceremonìo
Per meritâ toun atency.
D'aliour, te balie lo meitriso ;
Troubo moun Liaunou molhuroû,
Au be ri bien de so beitiso :
Pren lou quàu tu voudrâ daus-doux.

FI DAU ROUMIVAJE DE LIAUNOU.

COUNTEIS.

LOU TOUPI DE MIAU.

Ne trobe pâ uno charjo pû rudo
    Que quelo daus pàis, de las mhìs:
Per eilevâ lours fís qual ei lour inquieludo!
    Que de turmens! que de trobàis!
E tout hoquo n'ei mâ de l'àigo cliaro.
    Las pous lour soun enguèro au nâ,
Que jusquo dî nous-meimo is troben de lo taro :
Nous n'oven re coumprei, re sôbu gouvernâ.
    Soun-nous mors, is se fan lo guèro ;
    Quouaqu'heiritier, l'eina voudrio 'vei tout;
Lou code màu lega souven se desespèro ;
    Lou pû jaune n'o jomài prou.
Lo pû rudo d'aprei lo charjo paternelo
    Qu'ei de tenei tranquilomen
    Touto quelo grando seguelo
    De las beguinas d'un couven.

Lo superieuro ei tro rijido :
Soû l'ancieno tout èro mier ;
Lo coumunauta nrier nurido ;
Las chausas 'novan d'un àutre er.
L'uno maudi lo deipensièro,
Ce que lo chato ei toujour countrôla ;
Lo vieilio fài lo counselièro ;
Lo jauno en se mouquan critiquo chaque pla.
Un jour dî 'no meijou las n'en noumèren uno
Qu'èro lou meliour cœur dau jour ;
Lo ne chotavo pâ 'no pruno
Que soun goû ne fuguei lou lour.
Las regardovan so persouno
Coumo un presen vengu dau cèu.
Mâ molhur per Panchei ! lo n'èro mâ tro bouno ;
Per tro de coumplosenço au n'en fugue dau sèu.
Quiau Panchei, l'hônciteta meimo,
Qu'èro rempli de bouno fe,
E que possavo per lo creimo
Daus camponiars de ver châ se,
Un jour pourte vendre à lour grilio
Un dissime toupi de miàu
Per s'eisinâ dî so fomilio.
Per junici lous doux bous vous treiriâ be prou màu,
Quan fau chotâ jusqu'à lo mindro eipinlo,
S'hobiliâ, se nurî, poyà lo talio au rei.
Tan au l'y o qu'au tiro l'eichinlo.
Lo pourtiero se ren, domando ce que qu'ei :
— Mo sœur, iau vous fau bien escuso,
Vous porte de boun miàu qu'ei fidel coumo l'or ;

Si dî votre couven quàucuno lou refuso,
  Vous reipounde que l'auro tor.
— M'en vau, se disse-lo, sounâ lo procureuso,
  Mài si tu ne sei pâ choren,
  Lo ne siro pâ rovaudeuso ;
  Car lo chato for roundomen :
  Dî quiau ten ve 'no relijieuso
  Qu'entro au parlouar d'un er cury ;
  N'en porei 'n'àutro pû precieuso,
  Que se de prei d'un pâ sery.
  Enfi lo procureuso avanço :
  Douje lo seguen pâ à pâ.
  Ah! Panchei, si tu lachâ l'anso,
  Toun toupi siro tô au bâ.
    — Boun jour l'omi, Dy vous benisso.
    — Mas mèras, votre servitour.
  — Qu'ei-quo? Dau miàu, li disse 'no noviço?
  — Aplo, mas sœurs. — Metei-lou dî lou tour.
    Ei-t-èu boun? n'y o-quo pâ de bràicho?
Ne l'â-tu pâ frauda per lou fâ pû pesan?
    — Goûtâ-lou, degu vous n'empàicho ;
  Ah, Panchei! te preissâ pâ tan,
Las l'y vendran be prou d'ob'houro.
  Tout ce qu'entro dî tàus meijous
  Lo pûpar dau ten l'y domouro,
  Per pàu que quo sio sobouroû.
  D'obor lo superieuro tâto,
  Lo procureuso tâto aussi ;
  Toutas s'aprouchen à lo hâto :
  Chacuno lecho soun bouci.

Quan 'no fermi sen uno nou coufido,
Lo n'en auro, fusso-t-elo au gronier,
E si l'autras l'an uno ve sentido,
L'auro be tô mena l'escodroun fermijer,
Que mountoro à l'ossàu, seguen lo meimo linio,
 Per deimoulî tout lou chatèu sucra.
 Ensi per lor l'uno à l'àutro se guinio;
  Lou toupi se sirio cura.
Mâ, per bounhur, lou ten de dire nôno
  Fogue deicampâ lou troupèu.
  Las maudissen quelo que sôno.
  Panchei las renvouyo au bourèu.
  Ne domoure mâ l'eiconômo
  E l'infirmieiro dau couven
   Qu'is noumovan lo sœur Sen-Cômo,
   Que n'en empluyavo souven.
Nous prendren, moun omi, quiau miàu, valio que valio,
  Se disen-las; càmbe n'en volei-tu?
— Lo liauro vau sici saus, sei n'en tirâ 'no malio;
  Au n'in o die, que mounten un eicu.
Lou gaje en peso cinq, lo taro n'en ei facho ;
Mâ si vous sei leu-cren, lou fau tournâ pesâ.
Iau l'ovio, ajouto-t-èu, bien renja dî mo sacho,
Bien fa lou countre-pei, de pau de l'enversâ.
   Lo mèro encroucheto lo cordo,
   Lou pei s'en torno sur las die.
   Morjoun! visâ si quo s'acordo.
Vouei lou brave crouche! quàu diàtre de proufie!
   Lo procureuso, en empreissado,
   Li fogue possâ lou toupi.

Helâ! quan au vèu lo chovado,
Au s'entourse coumo un arpi.
— Cinq liauras? qu'ei tro for, di-t-èu tout en coulèro;
Lou diable sio pâ votreis deis!....
— Per qui nous prenei-tu? li reipounde lo mèro :
Nous l'oven pâ minja daus eis...
— Anen, dî lou cour de lo vito,
Fau sobei perdre quàuquore,
Lour di-t-èu d'un er ipocrito ;
Mâ lou diable n'y perdro re.
Poyâ-me doun ce que quo mounto.
— Qu'ei trento saus... — Iau m'èro bien troumpa;
Lo procureuso lous li counto.
— Boun jour l'omi, Dy vous counduise en pa:
Panchei s'en vài, e counto à so fomilio
Ce que causavo so doulour.
Fenno, di-t-èu, chercho-me 'no jodilio;
Lour vole jugâ quàuque tour.
Que lous pitis, penden hueiteno,
Fosan tous lours ofas dedin :
Nous veiren, quan lo siro pleno,
Coumo possoràì moun venin.
Penden quiau ten lo fomilio s'eserço;
Soû pàu de jours se formo lou pâti :
Lou molin lou pren e lou verso
Dî lou picher qu'ovio deijâ servi.
For propomen au fài lo cuberturo
Dau meimo miàu qu'au 'vio vendu,
Puei lou charjan sur so mounturo,
Lou rusa par coumo qui n'o re vu.

Rendu dî lou couven, au parlo à lo pourtieiro,
Tout se fài coumo à l'avan-hier,
A l'ecepcy d'uno jauno tourieiro
Qu'en aprouchan tâte dau bèu prumier.
    Lo procureuso ve segudo de so troupo :
— Meimo pri, meimo acor, lou miàu siro tâta;
Si qu'ei dau boun, nous te foran lo soupo
Trempado dau bouliou de lo coumunauta.
— Qu'ei, repar-t-èu, lo meimo rifanfaro :
Poyâ-lou-me tout coumo lou dorei.
Lo mèro vèu dau guin, e·sei tan fâ l'avaro,
Lo counto lou mountan, que fugue bientô prei.
— Anen; fosei virâ quelo joloïo,
Que pique moun toupi dedin.
Ah! paubras sœurs que sei plenas de joïo,
Vous recebei un toupi de chogrin!
Vous l'y v'eichaudorei, Panchei n'en ri soû capo ;
Vous v'en repentirei tro tar.
Quan un vau que lou ra se prenie dî lo trapo,
L'un lo garni d'un boun bouci de lar.
    Qu'ei lo superieuro, sei douto,
Que passo lo belo dovan.
Lo sàusso soun de, lo lou gouto :
Quiau miàu, di-lo, n'ei pâ meichan.
Lo secoundo que lo remplaço
Enfounço un piti pû proufoun :
Ne sài... Houm! mâ... quo me surpasso...
Mo fo, ne lou troube pâ boun.
Visan, di uno sœur professo...
Qu'ei lo pesto, mas sœurs, e qu'ei sei bodinâ;

Tâtâ, sœur apouticoresso.
Quelo n'en pren, lou pourto au nâ.
Lo fài las minas, mâ lo tâto :
Ah! moun Dy, qualo puantour!
Di-t-elo, en visan sœur Agato,
Que ye l'eiprouvâ à soun tour.
Lo n'en me dî lo boucho, e d'obor lo crupilio;
Toutas l'y van, maugra ce qu'un lour di.
Lo sœur Anno, pertan, qu'èro 'no jento filio,
Vài sentî lou picher : Quel home nous bodino;
S'eicrèdo-lo! Chossâ-me quiau moràu;
Ce qu'au nous ven n'ei mâ de lo pû-fino,
Doun l'ôdour forio troubâ màu.
L'o devina, di-t-èu, ni mài qu'ei sei repliquo;
Sài counten de moun invency.
Gardâ moun toupi per reliquo;
Qu'au vous serve de corecy.
De qui lou goliar pren lo fuito,
En lour credan bien hàutomen :
Abrenouncio, per mo vito,
Mài las mèras mài lou couven.

LOU CRUBIDOUR.

Quan is parlen de notro lingo
Coumo d'un grô vilen jargouei,
M'ei ovi que sente n'eipingo
Que me piquo per lou dorei;
Que quiau-d'oqui que m'en fissouno
N'o d'àutro rosou de màu fâ
Que quelo d'ètre 'no persouno
Que n'o pâ de pau de poufâ.
Ah! me diro quàuquo modarno
Poungudo de treis quatre jours,
E que n'o mâ channia de gamo
Deipei que l'o channia d'otours :
Fi dau potouei, l'y sài countrario!
— Tanpiei per vous, vous fosei màu :
Quan quelo lingo ei necessario
Per parlâ coumo un vilojàu
Que vous nuri, que vous sustento,
Que vous ser si qu'ei un oubrier,
Vous troubâ lo votro plosento.
Quel home penso tout porier
Dessur so lingo paternelo
Doun au troubo lous termeis bous,

Tan que qu'ei 'no chàuso nouvelo
Per se de parlâ coumo vous.
Un piti fa que francimando
Li porei un triste doctour;
Qu'au li fase quàuquo domando,
L'àutre d'obor chercho un bèu tour
Au quàuqu'esprecy finiolado
Qu'ôfenso lo francho varta.
Au l'enten, lo gorjo bodado,
Sei n'en coumprenei lo meita.
Vivo lo lingo limousino
Per esprimâ lous sentimens!
Quan is me tuorian, l'ei pû fino
Mài pû pleno d'agreomens.
Risei bien : lo n'ei pâ tan viàudo :
L'ei vràio filio dau leti,
E qu'ei sur quelo vilojàudo
Que lou francei fugue bâti.
En lejissen moussur *Locoumbo*,
Las Voriocys de *Gautier*,
Touto votro prevency toumbo :
Tanpiei per vous si vous sei tan entier.
Per me, lo trobe lo pû francho.
Lo s'esprimo coumo l'un vau ;
Lo ne vài pâ de brancho en brancho
Per cherchâ tout ce que li fau.
Iau m'en vau countâ 'n'àutro liarno ;
— Mâ coumen? — Toujour en potouei.
Qu'is metan mous vers di lo marno,
S'is ne lour fan pâ de plosèi.

COUNTEIS.

Souven, quan mo plumo lous traço,
Rise tout soû coumo un eicervela.
Qu'un critiqueur lour fase lo grimaço,
Dî lou momen iau sirài counsola.

Un crubidour de plosento figuro,
　　Que n'èro pâ un eibciti,
　　Reporavo lo cuberturo
De lo meijou d'un cure limousi.
Quel home, quauquas ves, en discu so pensado,
Recreavo un momen un poren dau cure,
　　Que s'eibotio, l'aprei-dinado,
A lou fà joquetâ tout coumo un sansoune.
Quelo sepo d'oubriers n'ei pâ tout-o-fe soto :
Lo se charmo en trouban quàucu per l'omusâ.
Is sinen dau toba, is leven lour culoto,
Per poudei 'vei lou ten de se pausâ.
　　Or quiau poren èro un home d'eiglieijo,
　　Que ne l'y sufrio pâ d'eicar.
Un jour qu'is vian parla de pruno e de sireijo,
　　De ce que lour ofrio l'hozar,
　　Las fennas toumben soû lour coupo.
　　Lou crubidour ne las eiparnie pâ.
Au n'in y o, di l'oba, quàucunas dî lo troupo
　　Que lous homeis ne valen pâ.
Ah! moussur, repar-t-èu, qui parlo d'uno fenno
　　Parlo d'un cor màu trobolia,
　　D'uno vacho que toujour penno,
　　D'un pelotou qu'ei tout braulia,
　　D'un meichan diable que trocasso

L'home meimo lou pû pocien,
E qui de nous fài lo lèu-passo
Maugra notre rosounomen....
Pàubro ! disse l'oba, si lour moliço ei talo,
Per elas m'en vau prejâ Dy.
Au tenio lo vio de l'eichalo
Per deicendre rempli so sento obligocy.
Ne fosei pâ, moussur, li crede lo monobro ;
Vau tan s'onâ coueijâ ; las soun tro à rebours.
Daus pû grans acidens souven l'un se recobro ;
Mâ per gorî quiau màu tous lou sens venen sours.

LOU PAUBRE DAU PORODY.

Simplo coumo un frîle riban,
Francho coumo un duca d'Espanio,
Mo grando-mài, vingt ves per an,
Quan lo nous chantavo moranio,
E sur-tout quan quàuqueis filous,
En risen de notro innocenço,
Degoulinovan sei feiçous
Notreis liars en notro presenço,
Nous disio : Qui v'o doun poungus?
Pitis moràus, votro beitiso
Vous foro deipouliâ tous nus :
Is v'auran jusqu'à lo chomiso.
Vous ne sei mâ daus soletas;
Jomài degu de notro raço
Ne s'en èro leissa countâ,
Ni mài de se fà lo leu-passo.
Vous sei sos coumo daus dindous,
E fà coumo lo Margorito,
Que prengue per un bienhuroû
Un guèu que fosio l'ipocrito.
Per vous deibrî l'entendomen,
Au fau que v'en fase l'histôrio ;

COUNTEIS.

Eicoutâ-lo tranquilomen,
Metei-lo dî votro memôrio.
   Vevo de Guiliàume Graulou,
Tristo de se veire souleto,
L'ovio prei Pière Cigolou
Per li fà par de so coucheto.
Lou vevaje balio lou dre
De dire qu'un ei tro paurudo,
Quan degu ne nous reipoun re,
Per lo ne, quan l'un eitrenudo.
D'aliour, l'un sufro min d'einei,
Quan quàuquo porio vous counsolo.
Au l'y o cent portas de dorei
Per uno fenno que counvolo.
Ne boliei pâ dî quiau ponèu,
Quan, sei pieita per so jaunesso,
Lo mor me culigue lou mèu,
E me leisse dî lo tristesso.
Iau ne manquei pâ de golans,
I'èro freicho coumo n'o filio ;
Mâ iau chossei tous quis châlans,
Per preuei souen de mo fomilio.
Leissan qui tout rosounomen,
Dijan coumo quelo imbecilo
Se leisse troumpâ sotomen
Per un guèu que courio lo vilo.
   — Modamo, per l'omour de Dy,
Helâ ! tirâ de votro porto
Quiau boun pàubre dau porody !
Li crède-t-èu, d'uno voû forto.

D'un bouci de votre chantèu
Fosei-me, si vous plâ, l'aumôno.
Dy recoumpenso dî lou cèu
E beneisi qui mài me dôno.
— Dau porody?... qualo rosou!
Vous fourjâ quo dî votro teito...
Couneissei-vous lou boun Graulou,
Que crebe lou jour de so feito,
Muni de tous sous sacromens?
Maugra mo peno e mo deipenso,
Las purjas, mài lous lavomens,
Lou medeci, mài so siençọ,
Lou pàubre posse lou goule.
B'èro quo 'no bouno coucinço!
Au murigue coumo un poule,
Sei marquâ lo mindro impocinço.
Lou queman, que n'èro pâ so,
Counogue so dupo sur l'houro,
E li reipoun d'un er devo :
Nous soun dî lo meimo domouro.
Iau sài de sous pû preis vesis ;
Dî las letenias qu'au recito
Iau dise l'*ora pro nobis*.
Au credo à sento Margorito,
Dî l'eilan de so devoucy :
« Prenei bien souen de mo miniardo,
» V'en preje, per l'omour de Dy!
» Iau lo mete soû votro gardo. »
— Ah! qu'ei bien vrài ; qu'èro lou noum
Qu'à tout momen au me boliavo :

COUNTEIS.

Lou pàubre gar èro si boun
Que jamài re ne nous brauliavo.
Au ne vouàido pû soun pintou!
A sû l'un ne bèu ni ne brouto.
Chaque moti lou boun Graulou
Lou sussavo en cossan so crouto.
—Nou, modamo, mâ lou boun Dy,
Per nous fà sentî lo misèro
Que l'un eiprouvo quan l'un vy
E qu'un domoro sur lo tèro,
Nous balio l'envio de minjâ
E de bèure notro chopino;
Mâ l'un aurio bèu s'eimojâ,
Grotâ lo teito, fà lo mino,
Fau que n'atendan notre tour,
Que ne ve mâ 'no ve l'annado.
Mâ, coumo dî quiau sen sejour
Nous soun 'no talo troupelado
De bous sens e de bienhurous,
Que vous metriâ touto lo vito
Per countâ lou noumbre de tous,
Quan is sirian renjas de suito;
Ensi doun, dî notre besouen
De prenei quàuquo nurituro,
Notre tour vài virâ bien louen :
Mâ l'esperanço nous rossuro.
Qu'ei vrài que lous prumiers sauvas
Dei loun-ten an rempli lour tacho,
Car quiau besouen lous o lovas
De quelo envio mài de so racho.

10*

— Te planie, moun pàubre Graülou!
Reipounde que lo francho bobo;
Chut, chut, tu bëurâ toun pintou;
Me rejauvisse de lo trobo.
Tenei, vei-vous qui trento frans
Per li chotâ quàuquo cantino
De boun vi de quatre au cinq ans
Que li fase mountâ lo mino.
Prenei ün double po bora
Daus pû fricàus de lo Soupleto,
E qu'au tenie tout bien sora,
Si se trobo quàuquo cocheto....
Vau poriâ qu'au vài presque nu,
Qu'au n'o pâ de linje de resto?
— Modamo, per bressâ soun cû
Li porte 'no meichanto vesto :
Iau crese for que lous doreis,
Uno ve qu'au l'auro vîtido,
Li deicendran jusqu'aus joreis,
Per li crubî quelo partido
Qu'un o toujour peno à moutrâ.
D'aliour, vous dise mo feblesso :
Coumo me trobe per-detrâ,
Quo blesso mo delicotesso.
— La, la, vau querî lou perpouen
Qu'au mete lou jour de so noço;
Car Cigolou ne lou vau pouen.
Ai souen de l'y possâ lo brosso
Dau min treus quatre ves de l'an;
E per li metre sur l'eichino

I'ài quatre chomisas de Rouan
Bien garnidas de mousselino.
Moun Cigolou brundiro be ;
Mâ me mouque de so coulèro.
I'ài prou besunio dever me
Per nous tirâ de lo misèro.
Graulou nempourte dî lou crô
Uno chomiso bien chôsido ?..
Vau poriâ que l'ei touto en trô,
Au que l'ei tout-o-fe purido ?...
— Módamo, en mountan dî lou cèu,
Nous làissen tout dî lo poussieiro,
Lou linje, lous os mài lo pèu,
Per nous reveitî de lumieiro ;
E quelo-d'oqui dau soulei
N'eiblausirio pâ mier lo vudo.
Iau vous desire lou boun sei,
Vese que moun houro ei vengudo ;
D'un pàu mài quo sirio tro tar.
M'en vau virâ ver lo Batido ;
Moun anje m'aten dî l'eissar,
Auro que mo tacho ei remplido.
— Mâ coumen pourei-vous mountâ?
Crese que v'aurei de lo peno.
— Quiau boun anje, per m'empourtâ,
Me vài sosî per mo glieno,
E quan iau pesorio chieis cents,
Au m'enlevoro d'un co d'alo :
Amirâ lou poudei daus sens.
D'oqui moun enchanteur deitalo,

D'un pâ lejer sàuto lou ry,
Maugra lou pei de so besaço,
En disen: Nous prejoran Dy
Per vous ni mài per votro raço.
Vous sei lo soulo qu'aye vu
Qu'oguesso l'amo neto e puro.
Sei quo ne sirio pâ vengu.
Mâ Graulou sôbro l'aventuro.

 Pière Cigolou, qu'èro absen
Penden lou ten de quelo seno,
E qu'èro 'na sur so jumen
Fâ pervisy d'un pàu de veno,
Me pe à tèro e s'enquerî
Coumo so fenno s'ei pourtado?
Si soun màu de teito gorî?
Si l'o sufer dî lo journado?
Nou, nou, li di-lo, Cigolou;
Vene d'aprenei lo nouvelo
Que defun moun pàubre Graulou
Jauvi de lo glorio eiternelo :
Qu'ei un pàubre dau porody
Que m'en o fa touto l'histôrio;
L'o m'o touchado jusqu'au vy,
N'en perdrài jomài lo memôrio.
Per lor lo fài jusqu'anto au bou
Tout lou detài de so bouno obro.
Per Dy quan l'un boliorio tout,
Di-lo, soû pàu l'un se recobro.
Mâ quan lo parlo dau poque
Que l'escomouteur n'en emporto,

Cigolou, sei dire perque,
S'en torno virâ ver lo porto;
D'oqui se ducho lestomen
Sur lou dô de so poulinieiro,
E cour pû vite que lou ven
Sur lou chomi de lo Brejeiro.
Defun Graulou, li disse-t-èu,
Me sôbro gra d'uno embrossado :
Vau prejâ quiau pàubre dau cèu
De li souatâ lo bouno annado,
E li dire de voulei fâ
Per toun boun sen uno neveno.
Autro quo, tene dî mas mas
Deque li boliâ soun eitreno.

 Lou pàubre, d'un pâ de lebrier,
S'avançavò ver lo Batido,
Quan au vegue un covolier
Que goloupavo à touto brido.
Moun goliar, de pau d'être prei,
Sur-lou-chan dî lou bouei s'enfounço,
E Cigolou lou se de l'ei :
Li semblo deijâ qu'au lou rounço.
Mâ quan au fugue prei d'entrâ,
Lous bràus, las roundeis mài l'aubreso,
Tout l'empàicho de penetrâ,
Tout s'opôso à soun entrepreso :
Per lor au cuje venî fau.
Au deicen de so poulinieiro
E l'eitacho per lou liocau
Autour d'un pe de nousilieiro.

Au pren un de sous pistouleis,
Làisso l'àutre dî so boujeto,
E, lo furour dî lous doux eis,
Dî lou foun dau bouei se gouleto.
Lou pàubre, que n'èro pâ louen,
Ajumbri trâ 'no grofouliado,
Vesio sei crento, dî soun couen,
Chaque tour e chaquo virado.
Mâ quan quiau rusa garnomen
Lou vèu à certeno distanço,
Au vài mountâ sur lo jumen
E lo tolouno d'impourtanço.
Cigolou, qu'èro desoula
De ne pâ rencountrâ so proïo,
Juro coumo un eicervela :
Mo fenno ei 'no francho boboïo,
S'eicrèdo-t-èu grotan lou chài ;
D'un pàu mài lo metrio de fòro ;
Car cresc que ne tiroràí
Jomài re de quelo pecôro.
De quiau guèu, si n'èro l'eissar,
Iau robotrio plo lo couturo.
Mâ iau vese que se fài tar ;
M'en vau virâ ver mo mounturo.
Au marcho doun ver ent'au crèu
Troubâ so poulino eitochado ;
Mâ helâ ! pàubro, quan au vèu
Que soun esperanço ei frustrado,
Que las guenilias dau vouleur
Soun per ci, per lài, sur lo tèro,

Per se quàu nouvèu crebo-cœur!
Quàu nouvèu suje de coulèro!
Ah! crèdo-t-èu, maudi filou,
Demoun tout rempli de moliço,
Ausâ-tu roueinâ 'no meijou,
Sei craniei que Dy te punisso!
Pàubro jumen, jito-lou lài!
Crèdavo-t-èu, dî so furìo.
Fài l'estropià per tout jomài,
E torno dî moun eicurìo!
Tu me coutovâ trento eicus,
Jumen de pa, jumen fidelo!
Qu'ei fa, ne te mountorài pû,
Per me qu'ei 'no chàuso cruelo!
Qu'ei l'obesi que mous helas!...
Fau que m'en tourne ver lo vilo;
Sur mo fènno, à cos redoublas,
Deicharjâ prountomen mo bilo.
Au se retiro en jemissen :
Lou veiqui deijà sur lo routo,
Que rocounto soun aciden
A chaque possan que l'eicouto.
L'un li proume de s'infourmâ
Ent'ovio possa l'ipocrito,
Tan que l'àutre ri soû soun nâ
Dau boun cœur de so Margorito.
Penden quiau ten, l'espri jauviàu,
Quelo tro credulo femelo,
Sei se doutâ dau mindre màu,
Brouchavo soun bâ sur so celo,

Quan, bourdounan coumo un vrài tau,
L'home passo per lo boutiquo,
Fosen lo grimaço d'un fau :
Ah ! ah ! qu'ei-quo doun que vous piquo ?
Li di-lo d'un er tout surprei.
— Iau vene, mo belo modamo,
D'acoumponiâ jusqu'ant'au bouei
Quiau bienhuroû, quelo bouno amo.
E coumo au pourtavo un grô fài
Que li pesavo sur l'eichino,
Per lou counduire per-delài
L'ài fa mountâ sur mo poulino.
— Qu'ei tan de fa, lauva sio Dy !
Di-lo, n'àutro prendro lo plaço.
A quis mous, Cigolou fury
A grans cos de fouei lo repasso.
Tan mài lo credavo au secours,
Tan mài l'home lo timpletavo.
Graulou mài lous sens èran sours
A tous lous cris que lo poussavo.
Tu nous fà perdre doux cents frans,
Li disio-t-èu, per to neciso,
Tan que toun pàubre ba aus chans
E triounfo de to beitiso.
Apren doun queto bouno ve
A fà distincy de persouno,
Sei creire sur so bouno fe
Un selera que te fripouno.
Lous bienhurous n'an pâ besouen
De venî rampâ sur lo tèro ;

COUNTEIS.

Is n'an sû ni chogrin, ni souen,
Ni màu, ni peno, ni misèro.
Ensi doun, mous paubreis garçous,
N'esposei ni denier ni malio
Dovan certens jauneis filous.
Quelo puro e francho conalio
Vous tiren lou verme dau nâ,
Renden dupo votro jaunesso,
E d'obor qu'is van fripouna,
Is risen de votro feblesso.

LOU VOUYAJE DE SEN-JUNIO.

Un boucher qui noumovan Tunio,
Qu'ovio renda tous sous efans
A Notro-Damo de Sen-Junio,
Sauv'acidens, l'y 'navo tous lous ans.
Coumo so noumbrouso fomilio
N'èro pâ lou mouyen de grossî soun peliou,
Au prenio un trô de po, de qu'ovei so rouquilio,
Soun hobi daus diaumens, soun mouli, soun biliou,
Metio de par lous liars de soun ôfrando,
E partio de si boun moti
Que, quan lo foulo venio grando,
Tunio per s'en tournâ ovio prei soun parti.
Uno ve so devoucy facho,
D'obor au se rendio châ se,
Counten d'ovei rempli so tacho,
Sei craniei per l'arjen qu'au 'vio dî soun gousse.
So fenno, qu'èro aussi rendado,
Vougue l'y 'nâ per un bèu jour.
L'home brundî : l'ei openiado ;
Coumen fà ? l'arjen èro cour.
Dy l'y pervèu, l'espri femelo
Troubo toujour uno pero au besouen.

Fau que l'annado sio cruelo
Si lo n'o doux treis saus cotas dî quàuque couen.
Tan au l'y o que lo par, e que l'aribo en vilo.
  Tunio lo se sei rosounâ;
L'acoumpli sous deveis : en d'un mou coumo en milo,
   Lous veiquí que s'en van dinâ.
   Marchan, se li disse l'Anniquo,
   Tâtâ dau vi daus Sen-Juniàus :
   Iau sente que lo se me piquo.
N'oguessan nous jomài coumeis de pû grans màus,
   Reipoun-t-èu; bèurài bien chopino.
Nous ne n'iren pâ louen veiqui lou cobore :
   Entran, mountan dî lo cousino.
— Dy sio cens, servitour, boliâ-nous quàuquore.
   — Possâ, di lo coboretieiro,
   Dî lo chambro qu'ei per-dorei ;
   Dî lou momen lo chamborieiro
Vous pourtoro dau vi mài d'un rogou d'harsei.
   Lo versavo uno fricósseo
  De doux pouleis eipiças de soun mier,
   Per regolâ treis porto-epeo
  Doun so sirvento eigavo lou cuber.
  Lo li crede, quan lo fugue tournado :
Pourto lài quiau buli, mounto en hàu quiau frico ;...
   Is domanden qui 'no solado ;...
   Deibroucho quiau bouci de ro ;...
   T'â l'en dedin 'n'àutro pretiquo.
Tan de souens troublorian de meliours esperis.
Lo pourte lous pouleis dovan Tunio e l'Anniquo,
   Que tremblo d'obor per lou pri.

Tunio, di-lo, qu'ei-quo? lo sàusso siro charo;
　　Quiau rogou n'ei pâ fa per nous.
— Minjo, fado, â-tu pau? lo chàuso ei-lo si raro?
Minjo, si tu troubâ que quo sio sobouroû.
　　　　Lo pàucho ogue 'no remountranço;
　　　　So meipreso càuse deu trin.
　　　　Tunio s'en moquo, e se pitanço,
　　　　Sei suniâ au mindre chogrin.
　　Faugue partî; l'Anniquo merio d'hounto;
　　　　L'ovio pau de manquâ d'arjen:
— Que foren-nous si lo deipenso mounto
　　　　Bèuco mài que nous n'an volien?
　　　　Faudro leissâ mo dovantieiro.....
　　　　　— Ventre de me! si t'â tan pau,
　　　　Deicen e ganio de prumieiro,
　　　　M'en tiroràì be coumo au fau.
L'Anniquo sur-lou-chan fù coumo uno hiroundelo:
　　M'en vau, di-lo, v'atendre dî lou bâ.
Soun home counto: — Eh be! modomoueiselo,
　　　　Cambe se mountoro notre piti repâ?
　　　　— Qu'ei trento saus per lo frituro,
　　　　Sept saus de vi, cinq per lou po;
　　　　Mài n'y troube pâ moun ounchuro;
　　　　Qranto-doux saus per tout hoquo.
　　　　— Per de las sôbras de voulalio,
　　　　Daus ausilious! quo vau sept saus.
　　　　— Lou diâtre sio pâ lo conalio!
S'eicrèdo-lo: v'àutreis sei vengus faus.
— Iau 'guesso prefera 'nas fressouciras d'ôvelio;
Las m'aurian de segur bèuco mier couvida;

N'aurian de meliour cœur begu notro boutelio
     Qu'en sucilian votre minda.
          — Fichu couier, payo-me to deipenso :
     Te sautoràì coumo un demoun!
— Gardâ-v'en bien, v'auriâ per recoumpenso
     Quàuquo sarcliado, au n'y forio pâ boun.
Vei vous qui diei-sept saus en for bouno mounedo.
     Mài qu'ei be tro... ne sài pâ tan lourdàu;
Prenei-lous, creseî-me, ne fosei pâ lo redo.
D'oqui prenen l'eichalo, au lo deicen d'un sàu.
     L'hôtesso fumo prou, mâ lo fugue prudento
De ne pâ 'na pû louen per un tàu debitour.
          Un fi creancier se countento
De ce qu'au po tropâ d'un meichan poyodour.

N'OBLIDEI PA LOUS MORS.

A fenno morto chopèu niau,
Di un boun vesi que counsolo
Un pàubre veve dî soun dau
Que se lomento e se desolo.
Helâ! quelo proposicy,
Quan un per uno fenno eimablo ;
Li reipoun-t-èu d'un toun plenty,
N'ei ni bouno ni rosounablo.
Nou, nou, te gardorài mo fe ;
T'eimavo tro, pàubro pitito.
Ah ! iau voudrio, per tout moun be,
Te veire jauvî de lo vito !
Mâ quan un o possa chiei meis
Dî lo tristesso, fàusso au vraïo,
L'un se ropelo sous ploseis ;
Lou dau cesso, lou cœur s'eigaïo.
Bientô l'un jito soun regar
Sur quàuquo filio de lo vilo ;
Ensuito, coumo per hozar,
Dî lo meijou l'un se faufilo.
Lou prumier jour l'un ei hountoû,
Lou lendemo l'un se deirido :

L'un plâ, l'un deve amouroû,
E lo pàubro morto s'ôblido.
Jan Bico fugue pû counstan.
Venen d'eipousâ so segoundo,
Au li di en se lomentan
E ple d'uno doulour proufoundo :
Nous van possâ auprei dau cors
De defunto lo mio prumieiro :
Helâ! n'ôblidan pâ lous mors;
Fosan tous doux quàuquo prejeiro,
Dijan notre *de profoundis*
Per lou repàu de so pàubro amo.
Quan lous verses fugueren dis,
Au crèdo en puran à so damo :
Aprenei qu'ài tan regreta
Uno fenno de quelo sorto,
Que jomài vous m'auriâ tenta,
Si lo pàubro n'èro pâ morto.

 A lo nôvio quiau coumplimen
Cause belèu quàuque scrupulo;
Mâ qu'èro aprei lou sacromen,
Fougue avolà lo pilulo.

TRO DE FOMILIORITA ENJENDRO MEIPRI.

Un vâle de cure, que n'èro pâ 'no buso,
    Mâ un goliar esperina
    Que cochavo so moliço e so ruso
    Soû un hobi de moulina,
Disio à soun meitre un jour, en lovan so marmito :
    Vouei! moussur, per l'omour de Dy,
    V'en sôbrài gra touto lo vito,
    Moutrâ-me, si au plâ, l'adicy.
Iau vole bien, li reipoun-t-èu, sur l'houro :
I'àime lo jen que volen parvenî ;
Deteste quis que viven dî lour bouro.
Pourto-me toun popier. L'àutre lou vài querî,
    N'ôblido pâ lo plumo mài lo bouto.
    Dî dous treis tres uno reglio porei :
    L'eicoulier lo deiviro touto.
Lou meitre s'eifeuni, lou viso de mal ei :
Beitio, fran iniorien, di-t-èu, te frapòrio...
    Chut, chut, moussur, iau sirài pû soben,
    Repar Jantou d'un er de mouquorio.
    Pàuse zero soû lou mou d'iniorien,
    Retene fran per me, mâ beitio vous domoro.
    Quiau boun cure, qu'èro tro fòmilier,
Defàu que dî tàu câ souven nous deshonoro,
    Risse soû capo e chosse l'eicoulier.

SUR LOU MEIMO SUJE.

I'ai boun pounie, credavo un peto-vanto,
Qu'èro pertan lou prencipàu d'un bour,
Vei quelo pàuto, l'ei puissanto;
L'areitorio lous pû fors d'alentour :
Vouei-tu luchâ, te que sei tan alerto ?
Au deifiavo lei-doun un grô drôle bien prei.
Veiqui qu'ei fa, di-t-èu, lo teito deicuberto;
Mâ, moussur, ne siei pâ surprei
Si vous trate coumo moun comorado.
Vài toun trin, reipoun l'àutre, e fài tous tous eifors.
Lou drôle lou pren à brossado,
Li sosi lou brâ mài lou cor,
E lou couàijo de talo sorto,
Qu'en toumban au pousse un ro.
— Eh be, moussur, quàu pàuto ei lo pû forto?
L'àutre tout deipita reipoun : Tu sei un so,
Un impertinen, un Jan-Fesso...
Passo defòro au t'aurâ d'un biliou...
— Sài votre servitour : à houro que lou jeu cesso,
Di-t-èu for humblomen, v'aurei toujour rosou.
Mâ si foulio vous romounâ l'eichino,
N'eissoyorian de nous n'en bien tirà.

E vesen tout de boun qu'au channiavo de mino,
Lou goliar pren lo porto e lou làisso jurâ,
    Quiau drôle n'èro pâ un cliàudo,
    Lou rusa sobio soun meitier.
    Si lou moussur ovio lo teito chàudo,
Per n'en calmâ lo fougo au trobe soun oubrier.
    Quan un vau tro lachâ lo brido,
    Lou pouli d'obor iau coumpren;
    E lou peisan toujour s'òblido
Quan l'un se coumproume e qu'un quito soun ren.

LOU COUEIFAJE ENGOJA.

Coli, qu'ovio bessa, disio un jour à so fenno :
Joneto, en bouno fe, bèurio bien moun pintou.
    Mâ jarni ! qui ne po ne penno,
    Qu'o jola dî moun boursicou.
Jomài n'ài tan vougu, lo lingo m'en lebreto,
    L'ei rufo coumo pèu de chi.
  — Tanpiei per vous, li reipounde Joneto,
Vous sei un boumbancier, un autiero, un couqui...
— Helà ! m'en vau crebâ.. — En tàu fuguesso l'houro,
Vous n'en bevei mâ tro tous lous diaumens :
    Moun cor n'en ve negre coumo uno mouro !
    — Vouei-la ! di-t-èu, nous nous corijoren.
    — Si vous vouliâ viaure en pocinço,
Ne pâ me fâ lo lei coumo v'ovei 'vesa,
    M'au jurâ sur votro coucinço,
    V'engojorio moun coueifaje empesa.
    Sabe que lo coboretieiro
    Lou voudrio 'vei per tan e mài...
    — Fu doun, tràuco lo chenebieiro.
Joneto alor pren lou gaje e s'en vài.
Lo torno tò, lo li porto boutelio.

COUNTEIS.

Morjoun, di-t-èu, lo jen soun daus menteurs,
A l'houro qu'ei, iau couneisse à mervelio.
    Quo n'ei mâ quan daus bateleurs
Que disen tan de màu d'uno teito femelo :
      Lo touo se de braveis secres,
      Ni mài to coueifuro en dentelo
      N'o pâ proufita daus pû les.

LOU MÉITODIÉR FRIPOU.

Un jour lou meitodier Lauren,
Home rusa per fraudâ lo gobelo,
Que soun meitre lauvavo à tout momen
Per uno persouno fidelo,
Prenio sur lou coumun un ple sa de blody,
Tan que so fenno l'empouchavo.
Helà! li disse-lo, n'ôfensen lou boun Dy
(Dî lou momen que lo lou liavo),
Fau restituâ ce qu'un o prei.
Fû de qui, reipoun-t-èu, vài-t'en trempâ lo soupo.
Lous meitreis an treis levas mài lou rei,
Ni mài lo pitito que coupo.
N'oven pâ nous, repar-t-elo tout bas,
En li moutran lo rosoueiro e l'eimino;
Car n'oven leva chiei coupas.
Nous saben lou jeu per routino.

FOBLAS

IMITODAS DE LO FOUNTÈNO.

I.

LO VACHO E LOU TAURÈU.

—

Uno Vacho qu'èro si secho
Que lous os d'un pàu mài li trauquessan lo pèu,
Vesio dovan so pàubro crecho
For raromen las sobras d'un Taurèu
Que de l'àutre coûta vivio dî lo molesso,
Bien grâ, bien nuri, bien coucha,
Tan que lo n'èro pâ meitresso
Dau pû sâle rebu dau fe qu'au 'vio marcha.
Un bèu sei que lo s'espliquavo
(Quereique lo velio daus Reis),
Lo bramo à soun fî que soupavo
Quis doux treis mous que fuguèren coumpreis

Per un missar que josio dî lo barjo:
Ah! fî deinotura! qu'ei per t'ovei nuri
Que me vese si mâgro e qu'ài tropa lo sarjo!
  Helâ! si t'oviâ de l'espri,
 Si tu seguiâ las leis de lo noturo,
T'atendririâ tantô lou meitre en mo fovour,
Per me fâ 'vei de meliour nurituro;
  Car deiperisse chaque jour.
Leissâ-m'en pa, vous sei 'no vieilio gormo,
 Li reipounde l'insolen animàu.
Ah! punissei, gran Dy, l'ingratitudo einormo,
S'eicrèdo-lo, d'un fî que me trato si màu!
  De desespouar lo brisø soun eicolo :
  Lou vâle ve e dobo lou màu fa.

  Quelo Vacho n'èro pâ folo
  De se planiei d'un fî ingra,
Lo mài qu'o quiau molhur mer milo ves per uno;
Cambe n'y o-quo que pechen dî quiau pouen!
 Cambe de fîs, que soun dî lo fourtuno,
Vesen sei coumpocy lour mài dî lou besouen!

II.

LOU POR E LOU CHAU.

Un Por de tre-meichanto mino,
Que troubavo dî soun boque
Mài de bordo que de forino,
Runden toujour, l'un devino perque,
Èro un jour à lo picoureo,
Tantô dovan meijou, tantô per lou dorei,
Cherchan quàuquo golimofreo
De seglie retourna que coumeisso au soulei;
Oyan toujour l'ôrelio alerto,
Veire s'is credorian *biri, biri, cô, cô,*...
Quán au vegue uno gorse deiberto.
Meitre Goniou gouleto dî lou crô:
Qu'èro un varjer. Gran Dy! quàu bouno châro!
Las leitujas, lous coucoumbreis, lous chaus,
Tout s'eitanno, sei dire gâro.
Ah! deipera, tous meitreis vendran faus.
Un Chau copu, que tremblavo de crento,
Vesen à soun vesi lou crâne tout brisa,
Hazarde per lor quelo plento :
Helà! moussur lou Por, iau sài un chau frisa;

Chà nous me counserven per grano.
Ne me màutrotei pâ, i'ài lou cœur eicelen :
Dy vous garde dau ta, dau piàu, de lo miaugrano !
Vouei, leissâ-me sur pe, sirài recouneissen.
Pouen de misericordo, au passo lo gourjeiro.

Quo me fài souvenî de quis que van au pàu :
   Ni quolitas, ni larmas, ni prejeiro,
   Re ne lous ganio, is s'aveisen au màu.

III.

LOUS DOUX CHEIS COUCHANS.

Un Che couchan de bouno espeço
Domouravo châ un seniour
Que lou fosio chossâ sei cesso :
Pouen de repàu, pouen de sejour.
Tantô qu'èro per se qu'au fosio lo botudo,
Tantô qu'èro per un omi.
Lo pàubro beitio èro vengudo
Secho coumo dau parjomi.
Soun meitre qu'eimavo lo chasso,
Lou vesen presque sur las dens,
Fài pervisy d'un Che que lou remplaço,
Que, be que jaune, èro daus pû prudens.
Au 'vio boun nâ, boun jore, belo ossuro,
Fourmavo prei d'uno perdri
Un are dì lo minioturo.
Quiau seniour l'y vio mei lou pri.
Castor en ariban entre dì lo cousino :
Lou viei Medor, qu'èro au couen dau foujer,
Li moutro las dens, fài lo mino.
Lou meitre di : Tout bau ! Qu'eilunio lou danjer.

Lou nouvèu vengu lou coresso,
Remudo lo quouo, fài daus saùs :
Medor rundî, soun piàu se dresso ;
Lo soupo ve, nouvèus ossàus.
Un vâle lous meno à l'atâcho.
D'obor aprei qu'au 'gue quita,
Castor di au viei Che : Qu'ei-quo doun que vous fâcho?
Qu'ei-quo que v'o tan irita?
Si sài vengu, quo n'ei pâ de mo teito,
Ne sài pâ meitre de moun sor ;
Iau sài 'no beitio for hôneito,
Vous proumete que nous viauren d'acor.
Iau v'eiparniorài de lo peno,
Vous vous retoblirei, vous sei tout morfoundu...
Couqui! di quel arnioû, si n'èro mo chodeno,
Nous veirian qui sirio mordu.
Castor ne reipoun mou, au me soun esperanço
Dî so pocinço e dî lou laps dau ten.
Au se troumpe, toujour lo meimo arnianço
Renie dî quiau cœur meicounten.

L'home d'emplouei, que gouverno à so guiso,
Fusso-t-èu surcharja, ne vau pâ de segoun :
Maugra sous souens, au lou meipriso,
Fau potî per l'y tenei boun.
Iau sabe ce que n'en vau l'àuno,
L'un o toujour à soun coûta
Tantô lo heino que s'eicràuno,
Tantô l'envio que deimen lo varta.

IV.

LOUS DOUX BIAUS.

Un jour un Biau que s'engreissavo
Per rogoutâ lous bourjeis de Pori,
E per qui lou meitodier triavo
T'out lou meliour fe bri per bri,
Tenio, tout fier de so fourtuno,
Daus perpàus durs e insolens
A soun vesi qu'ovio cent ves per uno
Meiprisa sous mujissomens.
Vouei! disio-t-èu, grando mouludo,
Biau màu bâti, cû de lebrier,
N'ei-quo pâ 'no chàuso bien rudo
De t'ovei 'gu per parsounier!
A-tu quel er ple de noblesso?
Quan troboliavo coumo te,
Sentio que mo delicotesso
Potissio sei sobei perque.
Counei-te, li di l'àutre, orgueliou sei cervelo;
To gràisso fài tout toun hônour!
E me lo prene per mortelo:
T'au sentirâ be quàuque jour.

Ja, moun vieï, disen-t-is, quan is te manien l'ancho,
    Quan is tâten sur toun rouniou,
    Per veire si to gràisso ei francho.
    Tout hoquo ne di re de bou.
N'à-tu pâ vu souven quis que puden l'aumalio
    Venî poujâ quàuque vedèu?
    Te, crese que quelo conalio
    Soû pàu de jours t'auran lo pèu.
    Dy me garde de to pâturo :
    I'àime mier minjâ fràuc e bràu.
    L'àutre reipoun per uno injuro.
Per un biau de trobài qu'èro parlâ tro hàu.

    Un grô coumis que s'ei mei dî l'eisanço,
Qu'o grossi tous sous dreis, qu'o sôbu fripounâ,
Minjo de bous boucis, fài l'home d'impourtanço,
    Viso sous poriers soû lou nâ.
Mâ si soun directour l'eipelucho e lou jàino
    Per li fà rendre un counte bien segu,
    So gràisso lou per e lou rouàino :
    Voudrio mier qu'au n'en 'guei pâ 'gu.

V.

LOU CHA FRIPOU.

Un Margàu qu'ovio 'gu treis quatre cos de verjo
  Que l'ovian fa jurâ coumo un surcier,
    Per ovei voula dî 'n'auberjo
    Lou poule de quàuqu'ôficier,
Tourne bientô aprei sinâ dî lo cousino :
Lou buli se tiravo, e se de fâ lou ga.
    Pren gardo, disse so minino ;
    Piti, tu l'y sirâ moucha.
Au ne vau pâ lo creire, au lou pren e l'emporto ;
    Lous vâleis lou seguen pertout :
  Is l'atenden au surtî de lo porto,
    L'assoumen à cos de bâtou.

  Quan un vouleur o sauva lo pelisso,
    Mouyenan quàuqueis cos de fouei,
Quo dèurio l'eicitâ à craniei lo justiço,
Que lou foro perî, si lo lou po prenei.

VI.

LOU RA DE VILO E LOU RA DAUS CHANS.

Fa boun frico dî lou danjer,
Qu'ei rendre so joïo bien courto.
Vau mier sei pau, dî soun foujer,
Ne mâ viaure de grosso tourto.
Quan un minjo, e qu'un n'auso pâ
Remudâ lous pes mài lo lingo,
Dau meliour de tous lous repas
Iau ne boliorio pâ 'n'eipingo.

    Un bèu jour un Ra de vilo
Disse au Ra camponiar :
Venei, vous trobe goliar,
Minjâ d'un pâti d'anguilo
E de quàuqueis trôs de lar.
Sur un bèu topi de tablo
Lou cuber se trobo mei.
Qualo coufreto agreablo !

COUNTEIS:

Lour cœur banio de plosci.
Quàuqueis pas troublen lo fcito ;
Is s'eifreden per lou bru.
Un si brave teito-à-teito
Ei bientô interoumpu.
De lo porto de lo salo
Quàucu deibro lou luque.
Lou Ra de vilo deitalo,
L'àutre plejo soun poque.
L'un coumo l'àutre se fourσ
Dî l'entremias d'un lambri.
Au bou d'un piti quar d'houro ,
Is remeten lour espri.
Tournan, di lou Ra de vilo,
Chobâ notreis brundilious.
— Servitour! fau tro de bilo.
Mâ demo venei châ nous,
Reipoun-t-èu, n'oven pocinço
Dî notre piti ustàu.
Si notro châro ei pû minço,
Nous lo minjen en repàu.

VII.

LOU LOUP E L'ONIÈU.

Qu'EI lou pû for qu'o toujour dre,
Sur-tout quan au vau notro roueino :
Las meliours rosous n'y fan re,
So meichanceta lou 'n'entreino.
Per vous prouvâ que ce qu'ài di
N'ei, per molhur, pâ de meisonjo,
Seguei-me bien di moun reci :
Moun històrio n'ei pâ bien lounjo.

Un Onièu, sur lo fi d'obry,
Se deissedravo dî lou ry
Que courio lou loun de lo prado,
Quan un Loup, lo gueulo afomado,
Surve, e se plaço pû hàu.
— Tu trepâ, di l'ôre moràu,
E tu troublâ quelo àigo cliâro.
T'eitrangliorài sei dire gâro.
— Mounseniour, reipoun l'inoucen,
Parlâ-me pû tranquilomen,
E visâ que sài dî lo bàisso,

Louen de vous, countre lou couren.
— Mâ, di lou Loup que lo fam pràisso,
N'ài pâ menti : tu sei un socripan.
D'aliour, iau sabe ce qu'antan
Disio de me to lingo de vipèro.
— Iau n'èro pâ nâcu d'enguèro :
N'ài pâ quita lou tetou de mo mài.
— Si quo n'ei te, qu'ei doun toun frài.
— Iau sài tout soû. — Qu'ei quàucu de to raço;
Car lou mindre de nous que passo,
Lous barjers, lous cheis, lous moutous,
Disen lou diable countre nous.
Alor lou Loup, sei coumpocy,
Li fouro las dens dî l'eichino,
E lou vài devourâ tout vy
Di lo foure lo pû vesino.

VIII.

LO CIGALO E LO FERMI.

Dî lo grando cômo d'eity,
Lo Fermi, toujour empreissado,
Mossavo forço be de Dy
Per viaure penden lo jolado.
Tan que lo Cigalo, sei souen
E sei s'eimojâ de pû louen,
Jirinavo lou cœur en joïo.
Mâ l'hiver lo n'en poye l'oïo.
Lo biso bufo, e lo n'o re
Per sussistâ penden lou fre.
Lo vài troubâ touto eilanguido
Lo Fermi de tout bien garnido :
Vesino, di-lo tristomen,
N'ài re per metre soû lo den.
Fosei-me quàuquo furnituro
Sio de seglie, sio de froumen.
Iau vous rendrài, pei e mesuro,
Fe de cigalo, à miei julie,
Mài vous poyorài l'intere.
L'àutro, que n'ci pâ jenerouso,

Reipoun à quelo porcssouso :
Que fosiâ-vous dî lo cholour,
Quan troboliavo tout lou jour ?
— Iau chantavo per vous distràire.
— Tanpiei : vous ne ganiovâ gàire.
Vous chantovâ, m'ovei-vous di ?
Dansâ, quo chasso l'opeti.

Dî l'eity de votro jaunesso,
Romossâ, sei vous rebutî,
Perque, dî lo frejo vieiliesso
Vous ne risquei pâ de potî.
Quiau que s'amuso à lo moutardo
Quan l'oubraje chàucho lou mài,
Sur sous vieis jours, prenei l'y gardo,
N'o re per remplî soun parpài.

IX.

LO FENNO E LOU SECRE.

Ne dounei re soû lou secre
A lo fenno lo mier chôsido.
Fau s'y fiâ, quan lo vous proume,
Coumo sur 'no plancho purido.
Chut, fennas, ne me boudei pâ,
Si vous balie quiau co de pàuto,
Cambe d'homeis ne vèu-t-un pâ
Fà coumo vous lo meimo fàuto?

Un d'is qu'ovio l'espri bodin,
Mâ sei moliço e sei venin,
Voulen eiprouvâ si so damo
Ero secreto au foun de l'amo,
S'eicrèdo tout d'un co lo ne,
Eitan coumo eilo dî lou lie :
Fenno, au secour! misericordo!
Tout dî moun ventre se deibordo.
Qu'ei fa de me... pàubro de Dy!
M'ei 'vî qu'is m'eicourjen tout vy.

— D'ente vendrio votro soufranço?
Li domando-lo touto en transo.
— Iau vene d'acouchâ d'un iau.
— D'un iau? — Touchâ, ne sài pâ fau.
Ah! dau min, que vous siâ lo soulo
Que sochâ quiau gran aciden.
N'en dijâ mou; is m'opelorian poulo :
Quiau saubrique n'ei pâ plosen.
— Me! reipoun-lo touto eitounado.
Cresei-m'en sur mo bouno fe :
Vole 'vei lo lingo coupado,
Si torne dire quàuquore.
Mâ lo lingo li lebretavo;
Lo ne deurmio pû de repàu.
Deijâ lou secre li pesavo
Sur l'estouma mài d'un quintàu.
Au jour lo fû châ so vesino :
Helâ! di-lo, sài bien chogrino.
Lou màu sor de dessoû lous peis :
Qui lou crèu louen lou trobo preis.
Ai tan 'gu pau que n'en sài ràucho.
— Qual ei, di l'aùtro, votre einei?
— Ah! moun home ve de pounei
Un iáu grô coumo quiau d'uno àucho!
Mâ, v'en preje, n'en parlei pas.
Vous me foriâ roumpre lous bras.
— Me prenei-vous per uno cliapo?
Repar l'aùtro : i'ài bien pàu d'espri;
Mâ jomài degu ne m'atrapo
A ropourtâ ce qu'is m'an di.

Las se quiten, e l'infidelo
Vài fà coure quelo nouvelo:
Au lei d'un iau, lo n'en me treis.
L'uno di cinq, l'aùtro di chieis.
Lou noumbre, dî quelo journado,
Crài si for, à chaquo eilingado,
Que l'acoucha n'en 'gue poungu
Uno grosso, à soulei perdu.

X.

LO MOR È LOU BUCHEIROU.

Qu'un vive tor, emenica,
   Goutoû, ple de misèro;
Qu'à notre viei cor deitroqua
   Lous màus fosan lo guèro;
      N'oven toujour tor
      De credâ lo mor,
   Que ve sei dire gâro.
      Vau mier de sufrî,
      E ne pâ murî.
   Lo vito ei toujour châro.

Un Bucheirou, qu'èro for viei,
Venio de lo foure vesino,
E treinavo sur soun eichino
Un fài de branchas de rouvei.
Lo pesantour que l'eicrasavo
Li mochavo tout lou ratèu,
E lou cedou que lou soravo
Li fosio buli lou cervèu.
Prei de toumbâ, per se deidaure,

Au l'aponyo sur un tuque.
O Mor ! s'eicrèdo-t-èu, dijo me doun perque
Tu me leissâ si loun-ten viaure?
Trobalie coumo un molhuroû,
E couche presque sur lo palio.
Belèu lous recors soun châ nous,
Que m'eisecuten, per lo talio,
Mo goletiero e soun andei,
Moun toupi, moun quite chonei :
Souven sei po, toujour di lo misèro,
N'ài pû de joïo sur lo tèro.
O Mor ! pren-me ; ne veniâ pâ si tar.
Alor lo Mor porei armado de soun dar.
Au tremblo, de bèu que l'ei ôro.
Que volei-tu ? di lo pecôro.
Aten, li repar-t-èu, crese que marchorài.
Aido-me, si te plâ, à soulevâ moun fài.

CHANSOUS.

LOU PRINTEN.

Er : *N'y o pü de be de Dy.*

I'au venc per v'anounçâ
Lo pû agreablo nouvelo :
   Lou printen vài coumençâ.
Ei moti i'ài auvi 'n'auselo,
Que venio per nous aprenei
Que las graulas poudian prenei
   Lour pourto-manteu au cau
   Per fâ plaço au roussiniau.

Lous motis quan sortiren,
N'auviren chantâ lo lauveto
   Qu'en couneissen lou bèu ten
Se rejauvi dessur l'herbeto ;
Mài lou coucou, quèu lingojer,
Que ve dau poï eitranjer
   Per aus homeis ropelâ
   Ce qu'is voulian ôblidâ.

Lou roussiniau si goliar,
E qu'o un tan brave romaje,
Lou lino mài lou chobiar
Foran entendre lour lingaje :
N'y auro pâ jusqu'au reibeinei
Que ne velie be s'en prenei.
  Chaque ausèu de so feiçou
  Lauvoro quelo sozou.

Qu'ei lou ten lou pû plosen
Que l'y aye dî touto l'annado.
 I'àime l'eity ; mâ souven
Un o lo chomiso mouliado :
Sitò qu'un o fa quàuque sàu,
Un s'espôso à prenei dau màu ;
  Au lei que dî lou printen
  Un po dansâ pû loun-ten.

Lous pras van tous reverdî,
Lous boueissous moutroran lo felio,
  Las viauletas van sortî,
E lous blas levoran l'ôrelio.
Lous onièus se rejauviran
Quan l'herbo freicho broutoran,
  E lou pouii siro fier
  De se veire hor de l'hiver.

Lous peliàireis pouran 'nâ
Mossâ lous iaus mài lous froumajeis,
  Sei crento de s'eicartâ,
Car is couneitran lous vilajeis,

CHANSOUS.

Mâ qu'is remarquan à l'entour
Tous lous àubreis charjas de flours ;
  S'is ne seguen pâ chomis,
  Quo siro daus eibeitis.

  Lous àubreis qu'èran colas
Prenen lour peruquo de felio,
  Lou lebràu dî notreis blas
Coumo lo lèbre se deguelio.
Lo tourtoulo en soun toun plenty
Nous fài couneitre so possy.
  Lou roussiniau, l'er hardi,
  Fredouno dî lou toli.

  N'ovian avan soun retour
Lou cœur jola coumo 'no rabo ;
  Mâ nous senten 'no cholour
Que trobalio coumo lo sabo.
L'hiver 'vio trouba lou secre
De venî bressâ notre fe :
    L'omour deicen en venqueur
    Per embrozâ notre cœur.

  Iau pourài mier lous diaumens
Roulâ, 'nâ veire mo barjeïro :
  Quo siro be pû plosen
D'ètre-siclia sur lo faujeiro
Que de vei lous pes tous moulias,
D'ètre toujour tous sangoulias,
  Au be d'ovei l'er transi,
  Quouaqu'un sio charja d'hobi.

CHANSOUS.

Lo veirài pû bouchounâ
Per se virâ de lo frejuro ;
L'y 'vio mâ soun bou de nâ
Que poroguei de so figuro.
Lo vài 'vei un er revelia
De veire quis chans eimolias
De toutas sortas de flours
Qu'an chacuno lour ôdour.

SUR LOU MEIMO SUJE.

MEIMO ER.

Printen que chossâ l'hiver,
Que foundei so barbo gliossado,
Quan vese toun hobi ver,
Iau balie mài d'uno eiluyado :
Tu requinquaudà lous pitis,
E lous grans soun enfouletis,
Per dansâ dî lou mei de mài,
Tous lous seis aprei lou trobài.

To hole deliauro las flours
A qui l'hiver 'vio fa lo guèro ;
Las nàissen, e lour ôdour
Vài embaumâ l'er e lo tèro.
Lou beitiàu que nous fan surtî
De joïo ne po se potî.
L'hiroundelas, à ples gôsiers,
Gozoulien dî notreis groniers.

Notro barjeiro qu'enten
D'ob'houro chantâ lo lauveto,

Lou moti jomài n'aten
Qu'un lo tire de so coucheto.
Fièro coumo un loquài bouta,
Lo pren so counelio au coûta,
E fai brundî quàuqu'er nouvèu,
Quan lo vài touchâ soun troupèu.

Lou coucu ve nous troubâ
Deipei lous poïs d'hor de Franço :
En lou vesen aribâ
Nous ranimen notro esperanço.
Quan seurte de moun prumier soum,
Au ve me credâ per soun noum ;
Mo fenno, coumo un vrài luti,
Me soute qu'au n'en o menti.

L'EITY.

Er : *Notre boun cure se plen.*

Vivo lo sozou de l'eity :
　Qu'ei lo meliour de l'annado.
L'hiver, iau sài pû mor que vy,
　Louen de notro chominado.
Si sorte per quàuque besouen,
　Quan vene de defôro,
Iau troube dî moun pàubre couen
　Lous pitis de notro nôro.

Parlâ-me quan un po prenei
　Sous molins de tialo rousso,
E que lo forço dau soulei
　Fài que lou be de Dy pousso.
Iau bonisse tout moun chogrin
　Quan notro filio einado
Pren sas brochieiras de bozin
　Per 'nâ coure à lo bolado.

Quan iau vese notreis barjers
　Coure nus pes sur lo solo,

E grapiâ sur lous sireijers
    Sei jile, sei comisolo,
Sài prou for, iau vene nouvèu,
    Quiau ten me rovigoto,
E m'civî que channie de pèu
    Tout coumo fài lo barboto.

Lous diaumens, dî lou coumunàu
    Iau vese notro jaunesso
Que bodino d'un er joviàu,
    Sei fà lo mindro bossesso.
Moun filiau, qu'ei boun meneitrier,
    Jugo de lo chobreto :
Toutas las filias dau cartier
    Li venen fà lo courbeto.

Me siclie coumo lous grans-pàis
    Freichomen sur lo pelouso;
Nous vanten notreis vieis trobàis,
    Notro forço vigourouso.
Lour parle de lo propeta
    Que tenio dî mo fomilio,
Per maudî quelo vonita
    Qu'o perdu mài d'uno filio.

Entre-tan nous seguen daus eis
    Notro pitito marmalio.
Si lous eitrens soun mal apreis,
    Nous chossen quelo conalio.
Mous drôleis, que soun rejauvis,
    Sei 'vei d'àutro moliço,

CHANSOUS.

Louen de rire de mous ovis,
 Saben me rendre justiço.

Quan nous vesen venî lou ten
 Que nous fau fà char de troïo,
Nous nous quiten d'un er counten;
 Chacun daus drôleis eiloïo.
Me vau couniâ dì moun bouri,
 Sei gouto, sei miaugrano,
L'endemo sài tout eiveri
 Per coumençâ lo semmano.

A lo fino pouento dau jour
 Revelie notro barjeiro,
Me lève, m'en vau fà moun tour,
 Crède notro meinojeiro.
Quan notreis maleis soun surtis,
 Tout lou mounde s'empràisso
De preporâ tous lous outis
 Per secoure ce que pràisso.

L'AUTOUNO.

Er *de lo romanço de Daphne.*

Sai counten quan lo noturo
Se tourno hobiliâ de ver,
E chasso quelo frejuro
Que nous sentian dî l'hiver;
Quan vese qu'à drecho à gàucho
Notreis blas fan lou cau d'àucho,
Iau rise d'enguèro mier.   *Bis.*

Mâ lo sozou lo pû dinio
De bonî tout moun chogrin,
Qu'ei quan vese notro vinio
Que plejo soû lou rosin.
Trobe l'autouno pû belo,
Tout moun san se renouvelo,
Iau sàute coumo un lopin.

Counten coumo un ra en palio,
Iau coure dî moun celier,
Per veire si lo futalio
O besouen dau tounelier.

Lou resto de lo journado,
Coumo quàuque comorado
Iau beve coumo un templier.

Notro fenno que devino
Que n'en ài mo pleno pèu,
Credo, pesto, fài lo mino
Jusqu'anto à me fà deigrèu.
Mâ, li dise : Mo Peirouno,
N'en beve mâ quan l'autouno
M'en proume moun ple tounèu.

L'endemo, tout se recôbro,
Iau vau ganiâ moun journàu,
Prene coumo moun monôbro
Un daus bous dau tencirau.
Tout moun mounde, dî lo vinio,
En fosen volei lo guinio,
S'amuso d'un er jauviàu.

Quan qu'ei l'houro de dinado,
Lous drôleis eilujen tous.
Notro filio ve charjado
D'un ple dei de goletous.
Chacun emporto so peço,
E lou miàu doun au lo bresso
Ren lous boucis sobourous.

Quan n'oven tous sei querelo
Mossa notre be de Dy,
Motoli, sur so charmelo,

Jugo quàuqu'er eiboty.
Nous van en levan l'ôrelio
Minjâ d'un jigo d'ôvelio
E voueidâ notre bory.

Tout de suito aprei lo panso,
Coumo disio moun gran-pài,
Nous dijeiren dî lo danso
Ce qu'o garni lou parpài;
·E l'un fài, quan qu'ei veliado,
Un branle de retirado.
Quiau ten n'einuyo jomài.

SUR LOU MEIMO SUJE.

Er *de lo Sobotieiro.*

LOU PEISAN SORTI DE LO MEICHANTO ANNADO.

Vau tournâ plosen,
Moun pàubre Lauren,
Pouràï m'eisinâ de quàuquo denado;
Vau tournâ plosen,
Moun pàubre Lauren,
Belèu touchoràï quàuqu'arjen.
Nous van de par Dy
Culî dau blody,
Per nous pitancâ un trô de l'annado;
Nous van de par Dy
Culî dau blody
Per nous soulojâ l'aùtre eity.

Quàu gran deïplosei
Châ notre bourjei
Quan fau per dau bla li tirâ l'eiquinto!
Quàu gran deïplosei
Châ notre bourjei
Quan au nous viso de mal eï!

CHANSOUS.

Iau pouràtilde; daumin
Nejâ moun chogrin,
Vendre quàuquore per bèure mo pinto;
Iau pouràtilde; daumin
Nejâ moun chogrin
Dî lou ju lechou dau rosin.

Ne t'au cache pâ :
Iau sabe troumpâ,
Ni mài mier qu'aucun fà lo countrebendo;
Ne t'au cache pâ :
Iau sabe troumpâ ;
Bien fi qui pouro m'atropâ.
Iau fosio mo par
De bla, de boliar;
Sur tous lous semeis levavo mo rendo.
Iau fosio mo par
De bla, de boliar,
Sei reservâ lou mindre liar.

I'ài bien choreta,
Lo ne de coûta,
Trofiga dau bouei, vendu de lo palio;
I'ài bien choreta,
Lo ne de coûta,
Sei seurtî de mo pàubreta :
Lo jen disen vrài,
Qu'un ne vèu jomài
Lou be fripounâ servî d'uno malio.
Lo jen disen vrài

CHANSOUS.

Qu'un ne vèu jomài ;
Car tout coumo au ve au s'en vài.

Trinquan, moun omi,
Tu fà l'endurmi...
Ne l'eiparnian pâ, lo vendenio ei bouno ;
Trinquan, moun omi,
Tu fà l'endurmi...
Nous foren mier notre chomi.
Tous notreis châtens
Menen lou boun tens ;
Queto bouno ve n'auren uno autouno.
Tous notreis châtens
Menen lou boun tens.
Nous viauren, si Dy plà, countens.

Iau ne veirài pâ
Mo filio boudà,
Countâ lous pesèus penden lo quoranteno ;
Iau ne veirài pâ
Mo filio boudà :
Hujan lo vole moridà.
Lou vi mài lou bla
Siran boun marcha ;
Nous feitoren bien, si n'en ài lo peno ;
Lou vi mài lou bla
Siran boun marcha :
Nous foren souven lou pila.

L'ei facho à plosei
Per bolià di l'ei ;

Lo te vài linje dî lo minioturo;
L'ei facho à plosei,
Per boliâ dî l'ei,
Ni mài lo porto bien soun bouei.
Notro Magori,
Qu'o fa fà soun bri,
Lo vole biliâ dî lo raso puro;
Notro Magori,
Qu'o fa fà soun bri,
L'auro souen de notre Thori.

Vivo de boun jour!
M'en vau fà moun tour,
Redoubâ daus fùs, lous garnî de pelio;
Vivo de boun jour!
M'en vau fà moun tour;
Jusqu'au plosei servitour.
Quan vendeniorài,
Te couvidorài;
Nous deicoufiren un jigo d'ôvelio;
Quan vendeniorài,
Te couvidorài;
Nous charmoren notre trobài.

L'HIVER.

Er : *Nous àutreis bous vilojàus.*

Au n'y o pû de be de Dy,
Tout ei raclia dî lo campanio,
   N'oven sora lou blody,
Lou vi nouvèu mài lo châtanio.
Las felias toumben daus rouveis,
Lous pras jaunissen sous lous eis,
Lous pinsous mài lous posseràus
S'atroupen dî notreis eiràus.   *Bis.*

   Las motinodas fài fre,
Lous bous daus deis n'en payen l'oïo ;
   Tout hoquo n'anounço re
Per metre notre cœur en joïo.
Lo Sen-Marti n'ei pâ bien louen,
Notreis vieis van saulâ lour couen,
Per domourâ dovan lou fe
Deichio qu'is s'en van au lie.

   Iau ne sài pâ san jola,
Ni nuri dî lo miniardiso ;

CHANSOUS.

Mâ que n'oyan proü de bla,
Iau me mouque dau ven de biso.
Lous seis, d'obor quo se fâi tar,
Iau parte fier coumo un Cesar,
E m'en vau fà lou veliodour
Châ las pû drôlas d'alentour.

Quan l'àuven lous pistouleis,
E que nous menen lo charmèlo,
Las van channiâ de couleis,
Las prenen lour coueifo en dentèlo.
Per mier recebre lour golan,
Las piquen lour dovantàu blan,
E las prenen un er frique
Quan l'àuven levâ lou luque.

Me que sài jente garçou
E qu'ài lo glieno bien peniado,
Lo pû jento de meijou
Tout d'obor me fài 'no guiniado;
Deilia coumo un ra de gronier,
Me ralete dî soun cartier;
Lo rusado, quan lo me vèu,
Eichapo d'obor soun fusèu.

Lou li masse, lo souri;
L'o boun cœur, l'o n'ei pâ vilèno :
Lo me payo, e tout ei di.
Iau ne fau pâ d'àutro fredeno.
Ne tirgousse pâ lous hobis :
Quo ren lo jen tous eibaubis.

CHANSOUS.

I'àime mier tout douçomen
Dire quàuquore de plosen.

Iau n'ài pâ l'espri tan prin ;
Mâ i'àí quàuquo delicotesso.
Lous àutreis que fan lou trin
N'an pâ dau tout tan de finesso.
Lejers coumo daus parpoliaus,
Is n'y van mâ per fà lous faus.
Per me que sâi lou pû pouli,
Sabe menâ l'àigo au mouli.

Quan danse qu'ei sei trobài,
Loun-ten n'ei pâ ce que m'enrumo ;
Mâ m'y prene dau boun biài
Per las sautâ coumo 'no plumo.
Si l'envio nous pren quauquas ves
De fà brosetâ daus chauves,
Iau chôsisse daus pû coumas,
Lous li pique dî sas mas.

Lo me di pâ de tournâ ;
L'ei rusado, l'aurio tro hounto ;
Mâ vese, quan s'en fau 'nâ,
Que lo pàubro filio l'y counto.
L'y coure l'endemano-sei
Per veire froujà moun plosei ;
Per me tout vài de mier en mier.
Veiqui coumo passe l'hiver.

CHANSOU DE TABLO.

Er counogu.

L'ei chantado per doux ivronieis au cobore.

Nous soun eici au char denier :
Nous poyoren bien notro hôtesso.
Courei vite dî lou celier,
E chôsissei lo meliour peço.
Ne vole pâ de vi nouvèu :
Vole dau viei per fà chopèu. *Bis.*

Jantou, pràito-me toun mouli,
Que n'en aye 'no reniflado.
A tablo quan sài abouli,
Sente mo teito emborossado :
Souven un piti presiliou
Me ser coumo de reveliou.

Vouei, teito-bî ! lou brave ausèu
Qu'àuve frodochâ trâ m'eichino !

CHANSOUS.

Iau crese que qu'ei lo Bobèu
Que porto d'enguèro chopino.
Vole me grisâ de quèuqui,
Quan dèurio possâ per couqui.

Trinquan coumo de bous efans.
Piti, quiau vi tacho lo napo.
Lou boun Dy counserve cent ans
L'ovi que n'en pourte lo grapo!
Iau li troube tan de sobour
Qu'iau migre d'ovei lou cau cour.

Tu ne fâ mâ quan goutiliâ :
Bèu-me, bèu-me de quelo piancho.
Ne deinian pâ nous deibiliâ :
Fau traucâ lo ne touto francho.
Deicho au jour vole domourâ,
Quan châ nous dèurian me bourâ.

Verso-me moun ple goubele,
Me-n'en autan sur to peitreno :
Quo te deiroulioro l'hole
E te rendro lo faço leno.
A to santa, pàubre eibeiti,
Nous sirian plo fas de potî.

« Quan vous bevei, vrài cû de ploun,
Disio eimandi notro femelo,
» Sei v'eimojâ per mài lou loun,
» Vous nous roueinâ, pàubro cervelo.
» Tan que vous sei au cobore,
» Lous recors ne nous làissen re. »

CHANSOUS.

Si tu lo couneichiâ, Jantou,
Tu lo veiriâ, lo bouno oubrieiro,
Vendre, per bèure soun goutou,
Bendèu, coule mài dovantieiro.
Quan lo me pren per un degu,
Qu'ei que lo n'en o pâ begu.

Moussurs e domas, si sài gris,
Iau v'en domande bien escuso.
Iau n'ài pâ coumo vous d'espri;
Ne sài mâ 'no vieilio buso.
Mâ iau sabe tout ni mài mài,
Quan i'ài bien rousa moun parpài.

CHANSOU D'UN CHOBRETAIRE

SUR UN MENEITRIER DE VILAJE.

Er nouvèu.

Per divertî lo jen
Vivo un boun chobretàire!
Au lei qu'un violounàire
S'ender à tout momen.   *Bis.*
De mo charmèlo uflado
Quan fau tundî l'aubouei,
Lo barjeiro rusado
S'en vài fà lo virado
Per me segre de l'ei.   *Bis.*

Lo s'areito un momen;
Soun cor ba lo mesuro,
E tout dî so pousturo
Se me en mouvomen.
Lou barjer que m'eicouto
Quito lou paturàu,
Per eicourcî so routo,
Sous pes n'an pâ lo gouto,
Au sàuto lo choràu.

Pû vite qu'un violoun
J'assemble lo jaunesso :
Lou golan, lo meitresso,
Venen au prumier soun.
Sei visâ lo fourtuno
Ni mài l'hobiliomen,
Chacun pren so chacuno,
Que lo sio bloundo au bruno,
Coumo au se trobo au ren.

Me pàuse quàuquo ve;
Quelo qu'ei mo miniardo
De ten en ten s'hozardo
De s'apreimâ de me.
Lo passo sei finesso
So mo dessoû moun brâ;
Moun cœur ple de tendresso
Auprei de mo meitresso
Ne se possedo pâ.

L'àutras, qu'an dau deigrèu,
Me prenen mo charmèlo,
E dessoû moun eissèlo
Me fan possâ lo pèu.
Las remplissen mo gâto
De poumas, de colàus :
Sài coumo un coq en pâto ;
N'au se mâ qui n'en tàto.
Vivo lous vilojàus!

CHANSOU DÉ TABLO.

Er : *Lous jumèus.*

San jèure! per bèure mo pinto
Troubâ-n'en un meliour que me :
Ne me fau pâ tirâ l'eiquinto,
Sei barjinîâ beve tout ple.
Mo teito semblo 'no forjo
Doun un alumo lou charbou;
Quan quiau vi passo per mo gorjo, } *Bis.*
So cholour lou counsumo tout.

Quan mo fenno fâi lo molino,
Lo cour sur me coumo un demoun.
T'â tor, li dise, Cothorino,
Tâto veire si qu'ei dau boun.
Lo chercho, en fan lo teriblo,
Un veire pû gran que lou mèu,
E soun visage se deniblo
Quan l'o moulia soun gourjorèu.

Quan lo Joni, notro vesino,
Vc châ nous d'un er ôzelier,

CHANSOUS.

Soun tein freiche, so bouno mino,
Me rejauvissen tout entier;
Li counte quàuquo foribolo,
Mo fenno pren soun er brutàu.
Mâ lou vi, quan lo se desolo,
Lo gorî d'obor de tout màu.

Quan notro jauno Peirounelo
S'eimajo de voulei tetâ,
L'apojâ qu'ei 'no bogotelo,
Iau ne denie pâ m'inquietâ.
Li fau suçâ dau vi sur l'houro
Per lou tudèu d'un biberoun,
Quelo bouno amo lou sobouro,
L'avalo, e s'ender coumo un poun.

Ne deve ni talio ni rento
Quan i'ài bien rempli moun parpài.
I'ài toujour lo mino plosento
Deichio que moun luzer s'en vài.
Si beve per quàuquo persouno,
Mous coumplimens soun frans e cours;
Mous omis, lou jû de lo touno
Fài dau miraclieis tous lous jours.

———

CHANSOU.

Er : *Code-Rousselo.*

Prenei pocinço, Teresou,
Si notre por ne di mâ *grou* :
Qu'ei qui so lingo noturelo ;
Soun eiducoçy n'ei pâ belo.
 Ah ! ah ! lou pàubre gar
Foro pertan un prope lar.

 Pouen de regre, notre bouque
N'o pâ trempa dî soun boque.
Nous l'eileven que qu'ei mervelio :
Visâ coumo au dresso l'ôrelio.
 Ah ! ah ! lou pàubre gar
Foro pertan un prope lar.

 De so poleto au soun chambo
Un bèu jour vous foreî frico ;
Au ve, lou jour de vêtro feito,
V'invitâ de moniero hôneito.
 Ah ! ah ! lou pàubre gar
Foro pertan un prope lar.

CHANSOUS.

Recebei-nous d'un er bodin,
Au quèu por auro dau chogrin :
Soun cœur, helà! soû so coudeno,
Tremblo de vous fà de lo peno.
  Ah! ah! lou paubre gar
Foro pertan un prope lar.

Vous sei tro pleno de rosou
Per rechinià notre goniou.
Au ne ve mâ per vous fâ rire,
E sur-tout per s'entendre dire :
  Ah! ah! lou paubre gar
Foro pertan un prope lar.

CHANSOU.

Er *de lo Foure-Negro.*

Que forâ-tu, pàubro Jonou?
 Tu sei plo deleissado.
Coumen troubâ quàuque garçou?
 Is van tous à l'armado.
Lous vieis, lous tors (*bis*) e lous boussus
 Queto ve siran bien vengus.
Chou, chou, counsolo-te, counsolo-te, barjeiro,
Te rendràí, te rendràí richo meinojeiro. *Bis.*

 T'eifredâ pâ de mous piàus gris,
  Is soun de boun auguro.
 Lous vieiliars valen be lours pris;
  Lour teito ei pû moduro.
 Sài vigouroû (*bis*) coumo à vingt ans,
  E moun be vau die milo frans.
Chou, chou, etc.

 Moun golan m'o proumei so fe,
  Reipoun lo pastourèlo,

E lou pàubre garçou se be
   Que l'y siràì fidèlo.
D'àutre que se (*bis*) n'auro moun cœur.
   A Dy siâ, pàubre rodouteur.
Viei fa, domouroràì, domouroràì barjeiro ;
Cherchâ doun, cherchâ doun 'n'àutro meinojeiro.

   Oblido toun jaune barjer,
      Chasso en te lo tristesso ;
   Bientô l'ingra châ l'eitranjer
      Foro 'n'àutro meitresso.
   Tous quis fringans (*bis*) se gâten tous,
      Sitô qu'is viren lous tolous.
Chou, chou, etc.

   Au s'ei 'na batre per l'omour
      De notro republiquo ;
   Iau vole atendre soun retour :
      Ensi pû de repliquo.
   Si per hozar (*bis*) l'ordre dau cèu
      Porto qu'au l'y làisse lo pèu,
Viei fa, domouroràì, domouroràì barjeiro ;
Cherchâ doun, cherchâ doun 'n'àutro meinojeiro.

CHANSOU.

Er *de lo Mèro Comu.*

Ne m'eimâ pû, vieilio Françou;
Sài 'no raquo, 'no potraquo;
Ne m'eimâ pû, vieilio Françou;
Vau tout de biài coumo un auchou.
Sente moun cor que se deitraquo,
A tous momens quo l'y fài craquo :
Tous lous jours lo vilèno mor
N'en deirenjo quàuque ressor. Ne m'eimâ.

   Quan vole remudà lou pe,
Quo cousino, fau lo mino,
Quan vole remudà lou pe,
Tous lous chas fujen de deipie.
Quan me lève, planie l'eichino
Coumo un âne que sen l'eipino;
En un soû mou qu'ei fa de me,
Ne pode pû servî de re.   Quan vole, etc.

   Lous doux chopous qu'ài reçôbus
De mo vieilio fan mervelio,
Lous doux chopous qu'ài recôbus,
Me doune à Dy, soun bien vengus.
Un presen de vous me revelio.
Quan lou màu me chercho borelio,
Iau dise : Vivo l'omita!
Qu'ei lou bàume de lo santa. Lous doux.

CHANSOU.

ER : *Moun pài èro po.*

Lo barjeiro que m'o tenta ;
　　Vrài, n'y o pâ so porieiro
Dî aucun de queteis coûtas,
　　Ni dî lo Franço entieiro :
　　　L'o tan d'esperi
　　　Coumo Bozeri ;
M'armo ! l'ei si coqueto !
　　　Tous lous avoucas
　　　Soun daus einôcas
Auprei de mo Joneto.

De lo veire un ei tan rovi
　　Qu'un ne po pâ mài ètre.
Lo parlorio mo fe leti
　　To be que notre peitre.
　　　N'y o pâ de doctour
　　　Que balie lou tour
Coumo eilo à d'uno histôrio ;
　　　Per bien joquetâ
　　　E bien perposâ
Eilo soulo o lo glorio.

CHANSOUS.

Per lou gouver d'uno meijou
    Lo vau tout l'or d'Espanio.
Quan lo charmèno 'no toucisou,
    Diriâ pâ que l'y manio.
      Quan ve per cousei,
      Fau veire sous deis :
    M'armo ! quo se deimèno !
      L'o plo pû tô fa
      Cent porcis de bas
    Qu'uno àutro 'no doujèno.

Avan lo piqueto dau jour
    L'o bouàifa so cousino,
Fa belèu mài de trento tours,
    Mei tout à soun eisino ;
      L'o lucha soun fe,
      L'àutras soun au lie,
    Que so soupo ei mountado ;
      Quan nous soun levas,
      L'o souven fila
    'No demiei couneliado.

Quan ve lo sozou de fâ 'nâ
    Lo fourcho e lo faucilio,
L'o fau veire se demenâ :
    Quo n'ei pâ mâ 'no filio ;
      Mâ, dî quiau meitier,
      Quo n'y o pâ d'oubrier
    Que pàiche tenei teito.
      Per moudelounâ,

CHANSOUS.

Meidre, jovelâ,
Lo semblo 'no tempeito.

Eil'o cent cos mài de bèutas,
 L'ei cent ves pû eimablo
Que las fodas divinitas
 Qu'is vanten dî lo fablo;
  Eil'o de las dens
  Cliaras coumo arjen;
 So boucho ei pû vermelio
  Que n'ei lou couràu;
  N'ài re vu de tàu :
 Qu'ei 'no vràïo mervelio.

Iau deve bientô l'eipousâ,
 E mài d'un s'en desolo;
Mâ eilo n'ei pâ per lour nâ :
 Qu'ei ce que me counsolo.
  L'o jura so fe
  Que d'àutre que me
 Ne l'auro per coumpanio;
  Qu'is ne venian pâ
  Lo me trâ-tournâ,
 Au be n'aurian moranio.

Iau ne sài pâ un querelou
 Coumo certeno boualio;
Mâ n'àime pâ lo deirosou,
 E n'entende pâ ralio;
  Aussi, per mo fe,
  Si quàucun l'y ve

CHANSOUS.

Coressâ mo Joneto,
Iau l'eitriliorài;
Forài belèu mài,
Li cossorài lo teito.

Lo Joneto qu'ài tan vanta
Prei de vous, domoueiselo,
Quo n'ei mâ uno soleta;
Vous sei cent ves pû belo.
V'ovei mài d'eime
Di lou piti de
Que 'lo n'o dî so teito;
Si èro grô seniour,
Vous forio mo cour
Pûtô qu'à mo Joneto.

Mâ ne sài mâ un grô peisan,
Un lourdàu de vilaje,
E vous fau un home puissan
E d'un grô heiritaje.
Per que qu'ei entàu,
A Dy siâ, m'en vàu
Retroubâ mo Joneto;
Vous souâte d'hônour
Que d'un grô seniour
Vous pàichâ fâ empleto.

CHANSOU.

Er : *Moun pài èro po.*

Lo filio que m'o deigouta,
    Vrài, n'y o pâ so porieiro
Dì aucun de queteis coûtas,
    Ni dì lo Franço entieiro.
        Lo tan pàu d'espri
        Que notre toupi :
    Moun Dy ! lo pàubro teito !
        N'y o pâ de chovàu
        Que parle si màu
    Que lo ledo Joneto.

Lo ne po pâ dire de mou
    Que ne sio 'no sotiso ;
Enrojoriâ coumo un chichou
    De veire so beitiso.
        Bouei notre bardo
        Au n'ei pâ si so.
    Qu'ei 'no vraïo bobulo.
        L'o be cependen
        Tout l'entendomen
    De notro vieilio mulo.

CHANSOUS.

Si ne lo trojâ pâ dau lie,
  Ah! quelo pudiniouso
L'y restorio treis jours, treis nes.
  Ah! qu'ei no poressouso!
   Lo ne vau re fâ,
   Mâ bèure e minjâ;
  E lo journado entieiro
   Lo lo passo au lie
   Au be au couen dau fe,
  Sas mas dî so gotieiro.

L'ei pû ôro que lou pitouei.
  Quan l'ei dî so tanieiro,
Ne devinoriâ pâ que quouei;
  N'y o pâ guenou porieiro.
   L'o soun nâ vourmoû,
   Un ei chossidoû;
  O! quouo ei 'no defociado.
   So gorjo de four
   Ei de lo coulour
  De notro chominado.

Lo ne po surtî de meijou
  Sei que lo ne s'encoualie.
Ah! quo n'y o pâ de leberou
  Si treina mài si sâle.
   L'o sous coutilious
   Que soun tous crotous
  Jusqu'anto à lo centuro,
   Ni mài sas chaussas

CHANSOUS.

Toutas cubertas,
Sàu votre hônour, d'orduro.

Quo n'ei mâ 'no grosso femier,
Uno deipeitrenado,
Que ressemblo au dimolardier,
Tan l'ei màu monouliado.
Eil'o de l'ounglias
Que soun tan lounjas
Que quelas d'uno miàulo.
De sas grandas dens
Pouriâ eisomen
Manliâ un coutèu de tàulo.

Soun pài vau plo me lo boliâ;
Mâ per touto lo tèro
Iau ne voudrio pâ l'eipousâ :
Mier vaudrio fâ lo guèro
Qu'helâ de prenei
Quelo chocrouei,
Quelo grosso solopo,
Que vous fài bobour;
N'en auriâ hôrour,
A forço qu'ei màu-propo.

CHANSOU.

ER : *Au n'y o pú de be de Dy.*

Mo sor, vous 'vei 'gu rosou,
En entran dî notro coufricirọ,
De chôsî quàuque potrou
A qui vous fuguessâ poriciro.
Ne deniei pâ v'en citounâ ;
Quo n'ei mâ dau couta dau nâ,
Car lou vôtre pourio for bien
Marquâ l'houras d'un meridien.

Vous sabei be que jomài
Un bèu nâ n'o gâta visaje ;
E ce que trobe de vrài,
Qu'ei qu'au ser à mài d'un usaje.
Au po sentî pûtô l'ôdour
De notre bouque, quete jour ;
Au n'en goutoro lo vertu
Milo ves mier qu'un nâ comu.

Iau vene, moun bijou ver,
Vous moyâ de moniero hôneito,
E v'ofrî, d'un cœur eiber,
Lous pû bèus vœus per votro feito.
Lous nas louns soun marquo d'espri ;
Mouquâ-vous de quiau que n'en ri.
E venei vieilio de feiçou
Qu'au manie votre bobiniou;

CHANSOU.

Er *de lo Pipo de Toba.*

Un jaune àubre de bouno espeço
Froujo toujour à vudo d'ei;
Ple de sabo dî so jaunesso,
So teito verto fài plosei.   *Bis.*
Volei-vous retardâ so forço,
Transplantâ so rocino aliour.
Vous lou verei channiâ d'eicorço
Per bientô se crubî de flours.   *Bis.*

   Charmanto tijo qu'ài dressado
Dî lou ten qu'èro vigouroû,
Auro qu'ài lo teito courbado,
Vous me poyâ plo mas feiçous.
Iau vous vese soû lo liaureo
Doun 'vio ribandâ lou Dy Mar.
E pourtâ fieromen l'epeo
Per defendre notre Cesar.

   Lobicho, vivei per lo glôrio :
Vous tendrei quo de votre pài.
Per tous lous tres de votro histôrio
Charmâ bien votro dinio mài.
Per me doun lou viei cor s'einoyo,
Toujour rôja per lo doulour,
Sente moun cœur boniâ de joïo
De vous veire tan de volour.

CHANSOU.

Er *daus Portres à lo modo.*

Quan vau veliâ coumo mo Jonou,
Prei d'eilo iau pique moun celou,
Sur lous golans que soun dî meijou
  Per joquetâ iau n'ài lo glôrio.
Per fâ daus counteis qu'ei moun meitier,
De revenans ni mài de surchiers,
De leberous, d'espris fomiliers,
  Iau n'en ài mo pleno memôrio.

  Dî moun chomi marche fràuc e bràu,
N'y o pâ de gaulier dî notre ciràu
Que ne sàute tout coumo un lebràu,
  'No ve qu'ài pouya mo guliado.
Dî lo danso vau coumo un lopin,
Guinie dau cû coumo 'n'arlequin,
Mous tolous van defôro e dedin.
  Iau divertisse l'ossemblado.

  Per alouyâ n'y o-quo gourjorèu
Que tràuque mier las nibleis dau cèu?

CHANSOUS.

Mo voû s'enten jusqu'anto au bourèu ;
   Per tundî n'enlève lo palio.
Per dire un er mài soun recoursou,
'No tauvero mài uno chansou,
Dî lou poï n'y o gro de garçou
   Per hoquo-d'oqui que me valio.

   Per jingâ ne sài pâ daus doreis :
Ne semble pâ de quis màu apreis
Que deichiren coueifas e couleis,
   Fan l'omour d'uno ôro monieiro.
Ne dise pâ de mous de vàurien.
Fi de las barjeiras que s'y fien !
Aime lo mio, lo meinaje bien.
   L'hônour ei meita pegulieiro.

   Per eicoudre n'y o-quo coumponiou
Que tire mier soun bla dau ploniou ?
Au n'y o degu per me fâ rosou
   Quan fau deipeichâ 'no soulado.
Per lobourâ iau sài lou prumier ;
Iau me vante d'ètre boun bouyer :
Ne passe pâ per un gauliocher
   Quan fau bien eigâ 'no rejado.

   Per meitivà passe lou dovan ;
Fau que moun porier sio boun efan
Per que 'no ve dî tout lou chodan
   Au pàiche me grotâ l'eichino.
Per fâ un lian iau sài lou piaucèu ;
Levâ 'no gerbo qu'ei moun pû bèu.

CHANSOUS.

Re ne me fài souplâ lou ratèu :
Dau dô i'ài lo meliouro eipino.

Quan fau fauchâ n'y o-quo de goliar
Que fài pû vite fralâ soun dar :
Dei lou moti jusqu'anto qu'ei tar
   Coueije milo andeis sur lo solo.
Quan iau besse semble un demoun,
Moun co de palo ei toujour prifoun ;
Per dovan me lou poï se foun :
   Daus bessodours tene l'eicolo.

Quan me màile de borâ un plài,
Degu ne po sautâ per delài.
Per l'adresso mài per lou trobài
   Motoli n'ei pâ uno brodo.
Gouverne bien notro biau pouniàu ,
Mài touto sorto d'àutre beitiàu ;
Sabe couneitre e pensâ lour màu ;
   Moun gran pài m'o moutra lo modo.

Ne vau jomài dî de cobore
Me sodoulâ coumo un goure ;
Aime mier counservâ quàuquore
   Per poudei chossâ lo misèro.
Sài lou pû prope de notre bour,
Mài lou pû drole que sio à l'entour ;
Jujâ si, quan iau vau fà l'omour,
   Sài visâ d'uno ôro monièro.

Bouei, Motoli, tu perdei toun ten.
Lo Jonou di que sài pû plosen ;

CHANSOUS.

Que fau que l'ane veire souven
   Per parlâ de bientô fâ feito.
Vese que lo vài te chogrinâ :
Ne dijâ re, que te Mardi-Grâ,
Te proumete que tu dansorâ.
   Tiro to possy de to teito.

   Be sei-tu fa, moun pàubre Jantou,
Quan tu me disei que lo Jonou
Te vau prenei per soun coumponiou ;
   Tiro quo-d'oqui de to teito.
Diaumen que ve nous foren bantiâ
Per lou dimar nous 'nâ moridâ :
Domando-li-au, ne te mente pâ.
   Iau te couvide à lo feito.

CHANSOU.

Er : *A-tu ou lo luno, Jan?*

Nous soun prei dau Mardi-Grâ,
    E re ne te pràisso?
Loueisou, tu n'y suniâ pâ?
Nous soun prei dau Mardi-Grâ.
    Toun golan te làisso.
Gue! gue! sabe toun embàisso.
Au vendro quan tu voudrâ,
    Nous soun prei, etc.

    L'un s'einuyo rudomen,
        Pitito brunèto;
Morido-te prountomen.
L'un s'einuyo rudomen
    Quan un ei soulèto.
Gue! gue! toun cœur te repèto
Quel ovi à tout momen :
    L'un s'einuyo, etc.

Iau cranie per tro lou nouei
De quelo chodeno :
Moun cœur ei libre d'einei.
Iau cranie per tro lou nouei :
  Iau fuje lo peno.
Gue! gue! lo vito ei tro leno
Per aumentâ soun devei.
  Iau cranie, etc.

Souven un jaune amouroû
  Prei de vous soupiro :
Au se fâ lou douçouroû.
Souven un jaune amouroû
  Dî notre ei se miro.
Gue! gue! qu'ei-quo que l'atiro?
Qu'ei soun plosei noun pâ nous.
  Souven un jaune, etc.

L'eipouso-t-un, tout ei bèu
  Lo prumieiro annado :
Bientô tout vài degueinèu.
L'eipouso-t-un, tout ei bèu ;
  Mâ l'un ei troumpado.
Gue! gue! ne sài pâ toucado
Per boliâ dî quiau ponèu.
  L'eipouso-t-un, etc.

L'home, maugra soun sermen,
  Souven vous deisolo,
E pû lejer que lou ven,
L'home, maugra soun sermen,

Prei d'uno àutro volo.
Gue! gue! ne sài pâ si folo
Per me fourjâ dau turmen.
L'home, etc.

Ah! quelo charjo de mài
Ei bien dificilo :
L'un ei toujour en eimài.
Ah! que lo charjo de mài
Fài nàitre de bilo!
Gue! gue! domouroràì filio;
Fujei, ne tournei jomài.
Ah! quelo, etc.

Que de màus! que d'emboras!
Quan l'ei en fomilio.
L'un vau, l'àutre ne vau pâ.
Que de màus! que d'emboras!
Lou cœur n'en furmilio.
Gue! gue! domouroràì filio;
Vole rire mài chantâ.
Que de màus, etc.

LOU COREIMÉ.

Er : *Nineto à lo cour.*

  Mo Bloyo
  S'einoyo,
Lo regreto lo joïo
Que lou coreime envoïo
Per nous fà enrojâ.
 Quan lo vèu plejâ
  Mo bèlo
  Charmèlo,
Qu'ài mei dî l'archou
  Moun bourdou,
Fau-quo que lo panso,
L'omour mài lo danso,
Lo di d'un er einuya,
Prenian lour vocanço
Jusqu'anto à l'alleiluya !

  Pitito
  Maguito,
Quo-d'oqui te merito :
Fau que tu siâ countrito

CHANSOUS.

D'ovei prei tan de cœurs.
Tous eis soun vouleurs.
To mino,
Pû fino
Que quelo d'un cha
Prei d'un ra,
Dèu, per recoumpenso,
Bien fà penitenço,
Se countreniei mài junâ,
E purâ l'absenço
De quis que t'â fripouna.

Deivino,
Mutino,
Qualo ei lo forto eipino
Que me blesso e chogrino.
Qu'ei que t'â l'er frique;
T'eimâ lou coque.
'No filio
Bredilio
Càuso bien souven
Dau turmen.
Quito, mo barjeiro,
Toun humour lejeiro.
Penden lou ten coreimàu
Fài quàuquo prejeiro
Per reporâ tan de màu.

To crento,
To plento,
Me renden pâ countento

CHANSOUS.

I'èro vivo e plosento
Sei faussâ moun sermen.
T'àime tendromen.
To bèlo,
Fidèlo,
Payo de retour
Toun omour.
Helâ! si sài tristo,
Moun pàubre Botisto,
Qu'ei que ne pourài pû 'nâ
Te segre à lo pisto
Lous seis, per t'auvî sounâ.

CHANSOU.

Er *daus Pitis-Sovouyars.*

Que fâ-tu, Touéineto,
Soû quis vers boueissous,
Mo pouleto?
Vâque sur l'herbeto
Coumo lous garçous.
Tous quis vouleurs
Prendran lous cœurs
Que lo tempeto;
Mâ gardo bien, seloun to fe,
Lou tèu per me.
Eimablo barjeiro,
Vole que tu siâ
Lo prumieiro
Ni mài lo darnieiro
Que forài dansâ.

Te jure que sài fidèlo;
Crèu-me, moun pàubre Panchei.
S'is me disen que sài bèlo,
Per te quo me fài plosei.

CHANSOUS.

Auprei dau tèu
Qu'o prei lou mèu
Tout àutre cœur m'ei bogotelo ;
Touto soulo,
Lou loun dau jour,
Iau sunie à moun omour.
Làisso-me gardâ mous moutous ;
Iau trouborài moun sor pû dous
Que de 'nâ coumo lous garçous.

Iau t'àime, bruneto,
Pû for que jomài,
Mo pouleto.
Tu sei dî mo teito
E dî moun parpài.
De toun omour,
De toun humour
Iau me fau feito.
Pàichan-nous, quete Mardi-Grâ,
Nous moridâ.
Ah ! pàubro pitito
Tu fâ lou bounhur
De mo vito.
Toun retour merito
Lou cœur lou pû pur.

I'estime mài que lo danso
Mo counoulio e moun fusèu :
Nurisse moun esperanço
Tout en gardan moun troupèu.
Iau t'eimorài

Tan que viaurài :
Moun cœur ei fa per lo counstanço.
Vivo un garçou que n'ei pâ fau,
Qu'ei revelia coumo un sinsau.
Quan tu venei veliâ lous seis,
Tout te coresso jusqu'aus cheis :
Tu menâ toujour lou plosei.

CHANSOU.

Er *de lo Palio.*

Parla-me d'un repâ jauviàu
D'ente un vèu chossâ lo tristesso,
Ente un enten aucun perpàu
Que blesso lo delicotesso.
L'un trinquo per felicitâ
Un bèu gôsier que nous revelio,
E doun lous fredouns enchantas
Charmen lou cœur coumo l'ôrelio.   *Bis.*

L'un soludo grociousomen
Ni mài moussur ni mài modamo,
E ce qu'un bèu dî quiau momen
Repan dau bàume dî notro amo.
Quan l'eico repeto lour noum
E lou glou glou de lo boutelio,
Per lor quel agreable soun
Charmo lou cœur coumo l'ôrelio.

Bevan, bevan d'un si boun jus.
Mâ counservan l'espri tranquile,
E respectan tous las vertus
Daus meitreis de quiau doù ozile.
Moûtran-lour per notreis transpors
Que notro rosou toujour velio;
Que notreis chans, notreis acors
Charman lou cœur coumo l'ôrelio.

CHANSOU.

Er : *Fennas, voulei-vous eiprouvâ.*

Au lei d'un jour, chantan n'en doux.
Veiqui qu'ei fa, i'ài l'amo francho,
E quan fau s'ôcupâ de vous,
Iau ne vau jomài sur uno ancho.
Vous sei toujour dî moun cervèu,
E ne dise pâ de fodèzo
Quan jure que lo Sen-Michèu
M'ei charo coumo lo Therèzo. *Bis.*

   Lo Sen-Michèu m'ovio proumei
De me poyâ quàuquo coufrèto ;
Quan iau l'y sunie dau deipei,
Mo pàubro lingo m'en lebrèto.
Quei tout eigàu, lo vau moyâ
Avec l'omitâ lo pù pûro ;
Si lo Therèzo vau poyâ,
Chantorài lo bouno ovanturo.

   Ne v'àime pâ per intere,
Vous meritâ tro mo tendresso.
Tout me plâ dî votre portre,
Lo bountâ l'y brilio sei cesso.
Lou vingto-nau dau mei dernier
V'eimavo de touto moun âmo ;
En octobre sài tout porier,
Sente per vous lo meimo flâmo.

CHANSOU.

Er a fa.

Vau bien humetâ
Mo pàubro gourjeiro,
Per poudei chantâ
Notro pitito barjeiro.
  Dî quiau momen
Ne fau pâ de coumplimen.

} *Bis.*

Visâ dî sous eis
L'espri que luqueto :
Qu'ei un vrài plosci
De l'auvî quan lo joqueto.
  Dî quiau momen
Ne fau pâ de coumplimen.

L'o de lo vertu ;
L'ei plosento e sajo.
Jomài s'en ei vu
De pû gaïo e min voulajo.
  Dî quiau momen
Ne fau pâ de coumplimen.

Soun eimable eipoû
Dî sous eis se miro.
Soun sor siro doû :
Qu'ei ce que chacun desiro.
Dî quiau momen
Ne fau pâ de coumplimen.

Servéi-me dau dur,
Mo fe l'au merito.
Bevan au bounhur
De quelo jento pitito.
Dî quiau momen
Ne fau pâ de coumplimen.

A votro santa,
Bruneto charmanto.
Oyâ lo bounta
De bèure per quiau que chanto.
Dî quiau momen
Ne fau pâ de coumplimen.

CHANSOU.

ER : *Oui, i'àime à bèure me.*

Chantan lo Marioun
 Lou jour de so feito,
E celebran tout de boun
Quelo jento bruneito.
Oblidan notreis soucis,
Deiniblan notro faço ;
Que dî notreis cœurs transis
Lo joïo troube plaço.   Chantan, etc.

Mâ ne visan pâ tro
 So negro prunelo,
Lo brauliorio tout d'un co
Notro pàubro cervelo :
Certen efan qu'ei vouleur
L'y te soun arboleito,
E quan au vèu quàuque cœur,
So fleicho ei toujour preito.   Chantan.

Per nous gardâ de màu,
 Fau channiâ de gâmo,
E chantâ d'un er jauviàu
Lo bounta de soun âmo.
L'ei vivo coumo lou fe
Quan quàuquore lo tento,
Mâ dî lou momen lo ve
Pù douço e pû plosento.   Chantan.

CHANSOU.

Er : *Fennas, voulei-vous eiprouvâ.*

L'omita que deipei loun-ten
Renio dî lou foun de moun âmo,
Josefino, dî quiau momen,
Renouvelo so douço flâmo.
Quan l'himen de l'or lou pû pur
Fài las molias de to chodeno,
Moun cœur fourmo per toun bounhur
Daus vœus que n'en valen lo peno. *Bis.*

Iau n'ài re vu de pû miniar
Que las grochas de to figuro ;
Tu t'esprimâ toujour sei far,
E tu detestâ l'imposturo.
T'â de l'eime, de lo rosou ;
Toun atachomen ei fidèle,
Toun ei, coumo un co de conou,
Doundo lou cœur lou pû rebèle.

Que toun home brûle d'omour,
Nôvio, de so bouno fourtuno
Pàichâ-tu per un doû retour
Rendre votro joïo coumuno.
Pàiche lou calme lou pû doû
Reniâ dî votre huroû meinaje ;
Vous sei tro aimableis tous doux
Per l'y fâ nàitre quàuqu'ôraje.

LO DINADO DE CAMPANIO.

Er : *Suvenei-vous-en.*

Iau vene, pàubro Coti,
Dînâ de boun opeti.
I'ài sarclia notre froumen
    Dilijentomen.   *Bis.*
Au froujo un ne po pâ mier :
Lou poura n'ei pâ pû ver.

Notre Pière o revira
Lo meita de soun gora ;
Ni mài vesio lous doux biaus,
    Que ne soun pâ niaus,
Finiolâ dessoû lou jou
E bien segre lou rejou.

Fenno, vâ-tu tô trempâ?
Me sente l'estouma bâ.
Tenguessan-nous notro par
    D'un boun trô de lar,
Ni mài notre rouquiliou.
Qu'àido poussâ lou bouliou.

CHANSOUS.

Mâ ne sài pâ grô seniour
Per minjâ dau mài meliour;
Mâ que n'oyan prou de po,
    Me moque d'hoquo.
Si Dy nous balio dau bla,
N'auren un piti sola.

   Crubo mas soupas de chaus,
Que las minje en doux filaus.
Vau poriâ qu'un bèu moussur
    N'o pâ de segur
De goû per un boun mourcèu
Mài que me per moun tourtèu.

   Per mo fe n'y o re de tàu
Que de minjà fràuc e bràu.
Lo fam ei un cousinier
    Que n'o pâ meitier
De pebre ni mài d'inious
Per troubâ lous boucis bous.

CHANSOU.

Er : *De to mo quèulio lou frui.*

L'autre jour lo jauno Bobèu
    Filavo so counoulio ;
Lo reibavo, e soun troupèu
S'eigoravo dî l'eitoulio.   *Bis.*
Dei loun-ten lou màu d'omour
Lo turmentavo ne-t-e jour.   *Bis.*

Lo disio, tout en s'ofrounan :
    Gran Dy, qualo misèro !
Iau vau perdre moun golan :
Is lou menen à lo guèro.
Dei loun-ten lou màu d'omour
Lo turmentavo ne-t-e jour.

Entre-tan lou loup li rope
    L'ôvelio lo pû grasso :
Per bounhur Jantou tire
E l'eitende sur lo plaço.
Dei loun-ten lou màu d'omour
Lo turmentavo ne-t-e jour.

De l'ôvelio au sàuvo lo pèu :
    Per se qualo victôrio !
  Au cour troubâ lo Bobèu
  Per li fâ par de l'histôrio.
  Dei loun-ten lou màu d'omour
Lo turmentavo ne-t-e jour.

L'ingra que càuso moun chogrin
    Me ren deisesperado :
  Au par sei fâ lou calin,
  Per 'na ganiâ so brigado;
  Dei loun-ten lou màu d'omour
Lo turmentavo ne-t-e jour

Jantou que l'eimavo en secre
    Lo ren pû rejauvido ;
  Lo sourî, lo li proume ;
  Lou pàubre golan s'ôblido.
  Dei loun-ten lou màu d'omour
Lo turmentavo ne-t-e jour.

CHANSOU DE TABLO.

Morjoun! vivo lo bouno châro
Mài lou vi que n'o pâ de târo ;
Qu'ei qui lo perlo daus ploseis.
Quis-d'oqui que lou mounde vanto
Soun de l'espeço daus harneis,
Qu'an toujour quàuquore que banto.

L'omour, pû lejer qu'uno auselo,
Mèno, coumo per lo bretelo,
L'home meimo lou pû molia.
Qu'au l'enchante per uno bloïo,
Lou couqui lou te moliouna,
Tout niaure d'uno fàusso joïo.

Quan i'ài lous pes dessoû lo tàulo,
Iau sài pû counten qu'uno gràulo
D'un bèu colàu que l'o trouba.
Iau prese lous beis mài lo danso
Tout coumo un peiroule creba,
Quan i'ài dau vi, de lo pitanço.

Si passe lo semmano entieiro,
Que lo sio feitado au plonieiro,

Sei voueidâ treis ves moun luzer,
Vene pâle coumo un ermito;
Quelo d'aprei re ne se per.
Iau tire parti de lo vito.

A tablo châ quàuquo persouno
Qu'o de boun vi, mài que lou douno
D'un cœur qu'ei fran coumo de l'or,
Moun omita lo pû marquado,
Qu'ei de bèure, jusqu'o ple bor,
A lo santa de l'ossemblado.

Coumence d'obor per modâmo,
I'avale de touto moun âmo;
L'o lou cœur noble et ple d'hônour.
Tout de suito à coumblo rosado
Iau beve à chacun soun tour,
E quiau meitre toujour m'agrado.

CHANSOU.

Er *dau piti Mou per rire.*

—

A LO SŒUR S-M....U.

Coumo n'àimen lo Sen-Michèu,
Sur un toun drôle mài nouvèu
   Nous foren notro horingo.
Qu'ei lo coutumo daus bouns cœurs,
E lous coumplimens daus floteurs
   Ne valen pâ 'n'eipingo.

L'eime luqueìo dî sous eis,
Lo n'en o jusqu'au bou daus deis;
   So bounta se distingo.
L'ei prounto coumo l'arjen vy;
Mâ lo jen qu'an l'er tro sery
   Ne valen pâ 'n'eipingo.

Sen-Michèu, quiau jour enchanta,
Renouvelo notro omita,
   Que guido notro lingo.
Votras sœurs v'àimen tendromen;

CHANSOUS.

Si quàucuno penso àutromen,
   Lo ne vau pâ 'n'eipingo.

Notre cœur sen milo douçours
En vous presentan quelas flours;
   De joïo au n'en eipingo.
Lours cœurs frans parlen sei feiçou,
Mâ lo jen que van en dessoû
   Ne valen pâ 'n'eipingo.

Nous soun tro plenas de rosou,
Nous ne volen re de lechou,
   Ni biscui, ni meringo.
Mâ regolâ-nous, qu'ei de dre.
Las feitas que ne porten re
   Ne valen pas 'n'eipingo.

CHANSOU.

Er : *Suvenei-vous-en.*

A LO MEIMO.

Votreis eis vesen plo prou,
Sei vei besouen d'un vitrou.
Quitâ-me, sœur Sen-M....u,
 Quel enjin nouvèu   *Bis.*
Que n'en bresso lo meita,
E n'en crubo lo bèuta.

 Ne metei pâ per plosei
Lo luno sur lou soulei.
Quitâ-me, sœur Sen-M....u,
 Quel enjin nouvèu.
Soû quiau jibe de molhur
Iau l'y perdrài de segur.

 Las pastilias poreitran
Pû belas que ne siran.
Quitâ-me, sœur Sen-M....u,
 Quel enjin nouvèu,

Aube tirâ-lou dau nâ,
Quan vous voudrei me dounâ.

De votre ei, gracio au boun Dy,
Lou regar ei plo prou vy.
Quitâ-me, sœur Sen-M....u,
Quel enjin nouvèu.
Jusqu'o dî dies ans d'eici
Borâ-lou dî soun eitui.

CHANSOU.

A LO SŒUR S-M...Y.

Sœur Sen-M...y, quo n'ei pâ de bobiolo ;
Fau fâ surtî quàuque fredoun
De votro voû que roussiniolo,
E meinojâ-n'en bien lou soun.
Tout eici de joïo petilio,
Tout ressen un plosei nouvèu.
Lo fauveto, dî lo charmilio,
Uflo soun piti gourjorèu.

Lo pàubro inoucento gozoulio
Deipei lou levâ dau soulei,
E l'auselo en possan bredoulio
Lous refrens que lo po sobei.
Lou pinsou de joïo quinquino
Sur lous àubreis à tout momen,
E vous diriâ que tout devino
Que qu'ei demo lo Sen-Lauren.

Las noviças qu'àimen lour mèro
Celebren quis momens floteurs :
Prudento, sei ètre sevèro,
Lei l'omijo de tous lous cœurs.
Cherchâ-me doun, dî votre gâmo,
Quàuqu'er que pàiche rejauvî :
Nous siran tout cœur e tout âmo,
E tout òrelias per auvî.

CHANSOU.

Er *daus Pitis-Sovouyars.*

Vivo Cotorino!
Prei de soun Tistou
  Qualo mino!
Mài l'un l'eisomino,
Mài l'o l'er filou.
  V'auriâ bèu fâ,
  Quan fau s'eimâ
  L'un se devino,
  Sei que l'un men,
  E lou sermen
  N'ei que dau ven.
Cotorino ei jento,
Tistou vài l'eimâ.
  L'ei plosento,
  Soun humour risento
  Saubro lou charmâ.

Quiau porei per peguliciro
An d'obor pourta l'hônour;
Lo vertu, lour nurichieiro,
Lous menavo ne-t-e jour.

CHANSOUS.

L'un se counve
Quan un preve
Per sas feiçous, per so monieiro :
L'omour cesso d'ètre troumpeur
Châ de lo jen d'aussi boun cœur.
Tistou se charmo de soun sor;
Lo nòvio goûto un doû transpor :
Is s'eimoran jusqu'à lo mor.

De monieiro hôneito
Fosan tous brundî
Quelo feito,
E que lo tempeito
Fau nous rejauvî.
Ah! fau tirâ
Lous emboras
De notro teito;
Châ daus omis
Tous lous soucis
Soun interdis.
Quan un vèu sei joïo
Possâ sous momens,
L'un s'einoyo;
Mâ aprei lo ploïo
Nous ve lou bèu ten.

A votro santa, bruneto;
A votro santa, Tistou.
Vau rendre mo tasso neto.
Omis, fosei-me rosou.
Lou vi vau mài,

CHANSOUS.

L'un ei pû gài
Quan un o di so chansouneto.
Lou cœur s'espliquo franchomen,
L'un ne fài pâ de coumplimen.
Que lous ploseis soun sobourous
Châ daus meitreis doun las feiçous
Fan veire lours cœurs jenerous!

CHANSOU.

Er : *Per divertî lo jen.*

A LO SŒUR S-A...Y.

Chou, nous ne diren pâ
Que vous sei bien eimablo ;
Deijà quiau mou v'acablo,
Nous van be tô chobâ.   *Bis.*
Mâ n'oven di lo teito,
Maugra votre er sery,
De fà, quiau jour de feito,
Brundî que lo tempeito :
Vivo lo Sen-t-Andry !   *Bis.*

Diriâ que qu'ei per vous
Lo mor dau gran Turèno ;
Votre espri se charmèno
E migro countre nous.
Tan min, pàubro pitito,
V'ovei de pretency,
Tan mài quo nous invito
A chantâ tout de suito :
Vivo lo Sen-t-Andry.

CHANSOUS.

Que votre protectour
Vous sàuve de lo poucho,
Lo ne dî votro coucho,
Mài tout lou loun dau jour.
Si quiau boun sen vous gardo
Seloun notro intency,
Vous sirei, mo miniardo,
Toujour sajo e goliardo.
Vivo lo Sen-t-Andry.

Nous chanten votre noum,
Et l'omitâ vous màïo;
Mâ suniâ que l'un pàïo
Certen revenan-boun.
Quàuquo pitito histôrio
Revelio l'atency.
Per lor l'un se fài glôrio
D'ovei dî lo memôrio :
Vivo lo Sen-t-Andry.

CHANSOU.

Er *de lo Pipo de Toba.*

Iau ne baliorio pâ 'n'eipingo
D'un brouchodour de coumplimens
Que ne deiroulio mâ so lingo
Per mountrâ soun entendomen. *Bis.*
Lo meita de quelo sepalio,
Doun lou cœur ei bien louen de vous,
Soun countens coumo ra en palio
Quan is v'an rima doux treis mous.

Qu'ei lo bezi que lour mervelio;
Quo s'en vài coumo qu'ei vengu :
Qu'entro toujour per uno ôrelio;
Quo s'en vài per l'àutre partu.
Toun omi ne fài pâ de meimo;
E, sei tan fâ lou finioleur,
Au ve te presentâ lo creimo
Dau pur sentimen de soun cœur.

Peirouno, tu sei bien eimado :
T'eimâ fài moun pû gran plosei.

Tu sei toujour dî mo pensado,
Deipéi lou moti jusqu'an sei.
Te, toucho qui; qu'ei-quo que piàulo?
Tout l'y jubilo en quete jour.
Moun cœur se de prei mo poràulo
Quan te parle de moun omour.

Lou respe s'y charmo en silenço,
E lo tendresso, à soun coûta,
Banio de joïo en to presenço,
E te per las mas l'omita.
Tous lous treis prenen lo voulado;
Se renden per te quiau presen,
E per partojâ l'embrossado,
Chacun se disputo lou ren.

CHANSOU.

Er de lo Pipo de Toba.

A LO SŒUR SEN-M....U.

Lou soulei deibro so feneitro
Per coumençâ de nous lusî,
N'oyan pû lo mino si pieitro,
Las nibleis van s'eivonusî.   *Bis.*
Lou bèu ten ve aprei lo ploïo,
Si qu'ei lou boun plosei dau cèu,
Credan toutas plenas de joïo :
Vivo, vivo lo Sen-Michèu.   *Bis.*

N'ài jomài gàire vu de filio
D'un corotari si deiber.
Maugra lo mor mài so faucilio,
Nous l'oven tirado dau per.
Pàiche-t-eilo, loun-ten alerto,
Fâ l'esperanço dau troupèu !
Dy nous garde de quelo perto !
Vivo, vivo lo Sen-Michèu !

CHANSOUS.

Moun respe, mo vivo tendresso,
Per vous celebrâ quete jour
Dî moun cœur disputen sei cesso
Qui jauviro de quel hônour.
Mâ coumo, quan ve votro feito,
Is brûlen d'un zeile nouvèu,
Is creden tous doux, teito à teito :
Vivo, vivo lo Sen-Michèu!

Quelas flours, ô mo bouno omijo!
V'esprimen moun omour arden.
Lo recouneïssenço m'ôblijo
A lou gardâ fidelomen.
Mo sœur, votre boun cœur m'invito
A vous fâ viaure dî lou mèu,
Iau credorài touto lo vito :
Vivo, vivo lo Sen-Michèu!

CHANSOU.

ER *de las Visitandinas.*

A LO SŒUR G...U.

Vau veire mo vieilio Francèso ;
Moun visaje, deirido-te,
Fài-te freiche coumo uno frèso ;
Que tout s'eiponisso châ me.   *Bis.*
Chogrins, fujei de mo pensado ;
Dî lo prunelo de mous eis
Que tout li penie lou plosei
Que me càuso soun aribado.   *Bis.*

   Lo n'auro pâ channia de gâmo ;
Soun cœur ei pur coumo de l'or.
De las quolitas de soun âmo
Lo gardo tro bien lou tresor.
Sous eis disen ce que se passo
Dî lou pû proufoun de soun cœur,
E quan lo counei un menteur,
Lo ve pû frejo que lo gliaço.

L'omita, lo recouneissenço,
Li fan un coumplimen nouvèu;
Mâ i'ài paure qu'en so presenço
Tout s'embràulie dî moun cervèu.
Ah! si mo lingo o de lo peno
Per esprimâ moun sentimen,
I'espère que dî lou momen
Lo n'en trouboro lo cenceno.

Si l'aje m'o pleja lo talio,
I'ài counserva mo bouno humour,
Vese mo barbo que grisalio,
Sei n'en 'vei lo mindro doulour.
Si tu sufrei de quelo târo,
Sunio que l'aje, châ lous vieis,
De l'omita saro lous noueis,
Jusquo que lo mor lous sepâro.

Qualo joïo, vieilio cherido,
Quan te veirài lusî châ nous!
Moun âmo, qu'ei de te remplido,
Jauviro de momens bien dous.
Lous ploseis qu'àimo l'inoucenço
Soun de si bouno quolita,
Qu'is tenen lou cœur enchanta
Penden que duro lour absenço.

LOU SEN ERMITO.

Modomas, per vous coumplàire,
Per dissipâ votre einei,
Iau vau chantâ, per vous plàire,
Uno chansou quete sei.
  D'obor, d'obor
Iau vau troubâ votre ofàire,
Iau vau fà tous mous eifors,
E ta, ta, ta, la, la, la, ra, ta,
 Iau vau troubâ votre ofàire,
 Iau vau fà tous mous eifors.

 Iau sài un pàubre ermito
 Que voudrio eici lujâ.
 Dijâ, pàubro pitito,
 Voudriâ me retirâ ?
 Ah ! choritablo hôtesso,
 Si vous n'ovei pieita
De l'omour que mé ble e e e e esso,
 Mèrai sur lou pova.
E ta, ta, ta, la, la, la, ra, ta. *Bis.*

Ermito, sen ermito,
Mo fe v'ovei gran tor
De venî à lo porto
D'uno filio que dor,
De venî à so porto
Afi de l'eivelià.
Lou vesi que v'eicou ou ou ou ou oute
Demo vài plo parlâ.
E ta, ta, ta, la, la, la, ra, ta.

Dedî moun ermitaje
Iau vivio sei regre :
De meichan frui sauvaje
Fosio moun entreme.
Votro bèuta, Climèno,
O troubla moun repàu ;
Veiqui ce que me mè è è è è èno:
Deibrei vite l'oustàu.
E tàu, tàu, tàu, etc.

Bouei, lo bravo pretiquo !
Mo fe n'y o plo de que.
A tàu bouno reliquo
Vau tirâ lou luque...
Iau deibre mo feneitro,
Prene moun aurinàu,
Iau li crube lo tei ei ei ei ei cito
Per li gorî souṃ màu.
E tàu, tàu, tàu, etc.

Mo fe lou pàubre ermito
Reçôbe l'aurinàu
Coumo au disio : Pitito,
Jitâ-me doun lo cliàu.
Au n'o so pleno gorjo,
Au ne po pû piauchâ.
Lo moutardo l'eigo o o o o orjo,
Li mounto dî lou nâ.
E poua, poua, poua, etc.

Si lou diable te charmèno
D'uno àutro tentocy,
T'atende, di Climèno,
En bouno devoucy.
Notre home se desolo,
E di, quan o crocha :
Lou diable sio ! lo dro o o o o olo,
Mo fe, m'o plo moucha.
E poua, poua, poua, etc.

Jujâ si notre ermito
Eitoufe soun omour,
Ne disse pû : Pitito,
Ni boun sei, ni boun jour.
Au n'eissujo so cilio,
Viro soun copuchou,
N'ensecou so mandi i i i i ilio,
N'en di treis quatre fou...
E fou, fou, fou, etc.

CHANSOU.

ER : *Per diverti lo jen.*

A M. M....

Queto ve vous m'aurei;
Lou jour de votro feito,
Iáu 'vio mei dî mo teito
De lo ségre de prei.   *Bis.*
Si, dî lou foun de l'âmo,
Vous n'en ovei deipie,
Iau sài dinio de blâmo,
Car sài 'n'o bouno lâmo,
Que 'n'o pâ de regre.   *Bis.*

Coumo à votre potrou,
L'Espri-Sen à mervelio
Dî lou crô de l'ôrelio
Vous souflo so leiçou,
Votro vivo lumieiro,
Per counduire mous pas;
Eclieiro mo carieiro,

CHANSOUS.

E m'apren lo monieiro
De ne pâ me troumpâ.

Fau daus vœus, quete jour,
Que n'enlèven lo palio :
N'yo degu que me valio
Per poyâ de retour.
Lo peno n'ei pâ minço
De pourtâ moun poque.
V'ovei tan de pocinço,
Que me forio coucinço
De veni sei bouque.

CHANSOU.

ER : *Tout home qu'o treje fennas.*

A LO SŒUR SEN-M...U.

Qu'EI las sœurs de lo boutiquo
Que l'y van toutas de cœur.
Chacuno d'eilas se piquo
De n'ovei re de troumpeur.

Nous chanten uno coumpanio
Que vau plo soun pesan d'or;
Notre cœur de joïo banio,
E ver lou cèu pren l'eissor.

Nous senten, quiau jour de feito,
Lou plosei lou pû nouvèu.
Chantan doun que lo tempeito :
Vivo lo sœur Sen-M....u!

Miniardo de lo noturo,
Lo li balie per presen
Un cœur fran, uno âmo puro,
Mài tout ple d'entendomen.

CHANSOUS.

 Quan quàuquore l'o blessado,
L'ei prounto coumo un eicliar;
Mâ quo n'ei mâ 'no fusado
Que finî per un petar.

 Nous l'àimen coumo nous-meimo,
Nous lo van moïâ de flours.
Daus bouns cœurs eil'ei lo creimo;
Quo se prouvo tous lous jours.

 Coumo l'ei de bouno pâto,
Lo poyoro roundomen;
E dî lou foun quo nous hâto
De jauvî de quiau momen.

 Nous ne volen pâ de casso,
De rubarbo, de seine;
Mâ be de quo-qui que passo
Sei v'empoueisounâ l'hole.

 Sœur, pàichei-vous sei tristesso
Coulâ lous jours lous pû dous;
Que Michèu tenie sei cesso
Soun chàufo-pe louen de vous.

PER LO FEITO D'UN JAN.

Er *de lo Pipo de Toba.*

Nous'poden, se di l'Ecrituro,
Nous divertì per lo Sen-Jan,
Risan tan que lo feito duro;
Lo ne tournoro pâ d'un an.
V'àutreis metei-vous dî lo teito
Que, per bien chantâ un omi,
E per bien fà brundî so feito,
Fau de lo joïo e de boun vi.   *Bis.*

Oui, Jan, dau meliour de notro âmo
Nous bèuren à vôtro santa;
Sei cesso sur lo meimo gâmo
Quiau refren siro repeta.
Dy sàuve Jan que nous couvido
D'un cœur qu'ei fran coumo l'or fi;
Mâ, per mier fà notro partido,
Fau de lo joïo e de boun vi.

Soludan aussi so fomilio :
Chantan e bevan tour à tour;
Diriâ que quiau vi que petilio
Semblo partojâ notro ardour.
A vous repetâ tout m'invito
Qu'à lo feito d'un boun omi,
Lou pû grand plosei de lo vito
Qu'ei de lo joïo e de boun vi.

CHANSOU.

Er d'uno sautieiro.

Dei loun-ten uno jauno bruno
O mei lou fe dî moun parpài.   *Bis.*
   L'àime mài que mo fourtuno ;
   Nou, jomài l'ôblidorài.   *Bis.*

Lous doux eis de quelo pastouro,
Que luqueten coumo l'ambrei,
   Soun negreis coumo 'no mouro ;
   Lour mirei m'o d'obor prei.

Li ài jura cent ves que l'eimavo ;
Qu'ovio de lo fidelita.
   Lo, cresen que bodinavo,
   Aumento so cruauta.

Maugra so rigour, lo m'enchanto ;
Degu l'àimo pû tendromen.
   Tàu que fài lou petovanto,
   Soun sermen n'ei mâ dau ven.

Ne vau pâ per mo tan eimado
Coure lous seis coumo un margàu.
   Ni mài per chaquo veliado
   Briaulâ coumo un soligàu.

Me moque de quelo conalio
Que fan l'omour à co de pouen.
   Iau dise, valio que valio,
   Mo pensado sei temouen.

LOU MORIDAJE D'UN TOLIEUR

RETARDA A CAUSO DE LO MEICHANTO ANNADO,

CHANSOU A SO MEITRESSO.

Er : *Ah! ah! Mounseiniour.*

Queto annado quo bufo màu,
Lou cure minjoro soun jàu.
Faudrio 'vei perdu lo rosou
Per fà feito en queto sozou.
Au l'y aurio de que se roueinâ
Dî lou pû lejer deijunâ.

Tu fumorâ, pàubro Coti,
Jusqu'o d'einan faudro poti;
Mâ n'oyâ pâ tan de deipie,
A touto perto au l'y o proufie.
Toun eime vadro mài d'un tier,
E belèu te councitrài mier.

Lou ten passo coumo un cicliar;
N'ei pâ sitô jour qu'au ei tar.

CHANSOUS.

Si n'èro que lou pû souven
L'un molevio quan un aten :
L'annodas passen coumo un ry,
Sei l'y fà presque d'atency.

Iau te jure que t'eimorài,
Sei que m'en deiveje jomài.
Mo mìo, per me qual einei
Si quàucu te balio dî l'ei!
Quo ne te forio pâ d'hônour,
Si tu me jugovâ quiau tour.

Iau sài tolieur ; qu'ei un meitier
Qu'o toujour nûri soun oubrier.
Quan trobalie châ lou bourjei,
Souven, sur ce qu'au fài cousei,
Iau ràube quàuque petossou :
Quo fài plosei dî lo meijou.

Iau sabe, quan degu n'au vèu,
Tirâ 'n'armelo d'un gûcèu,
Mossâ, per broudâ quàuquore,
Un bou de ligo au de flure.
Si l'un ne prenio pâ quiau souen,
Lou proufie 'nirio virâ louen.

Qu'ei vrài que, châ daus soligàus,
Quàuquas ves trape daus gargàus.
Mâ eitobe, s'is soun surpreis
A fâ lour bote dî lous pleis,
Mous cisèus copen en doux tros
Tan lous pitis coumo lous gros.

CHANSOUS.

Lous seis iau ne sàî pà si so
De m'en tournâ sei moun fogo;
Iau porte toujour mo chopi,
E, per fà bulî moun toupi,
Vau dî lous bos, coumo un archer,
Quère de que fà moun brancher.

Tu risei, qu'ei sinie d'acor :
Toquo lo mo, tu n'à pâ tor.
Iau vole que tout lou cartier,
Quan n'auren 'gu dau beneitier,
Disio que tu n'à pâ perdu,
Tanbe que t'oyâ atendu.

CHANSOU

D'UN PEISAN COUVIDA A DINA CHA SOUN BOURJEI.

Ah! moussû, dî votro meijou, *Bis.*
Me doune à Dy, l'y fài plo bou ; *Bis.*
Sur tous lous plas l'envio s'eigaro } *Bis.*
    Sei sobei sur lou quàu fà gâro.

Qu'ei bien renja per ci per lài ;
Mâ votre er libre me plâ mài.
    L'un counei l'àubre per l'eicorço ;
    Châ vous l'opeti ve per forço.

Lou boun cœur fài lous vràis seniours,
Noun pâ lous beis mài las hônours.
    Quis que me fan meichanto mino,
    Lous respete mâ per routino.

N'y o que soun fiers coumo daus pans,
E que aurissen lous peisans.
    Mâ tàu me viso trâ l'eipanlo,
    Que dî lou manglie souven branlo.

CHANSOUS.

Quelo jen mounten be sï hàu,
Que quàuquas ves is fan lou sàu;
 Au lei qu'uno persouno hôneito
 Se mante maugra lo tempeito.

Mâ, moussû, qu'ei prou joqueta,
Bevan, bevan à lo santa :
 Fau que modamo aye l'eitreno;
 Dy se sï lo n'en vau lo peno !

Sei qui tan fâ lou bèu diseur,
Vous solude de tout moun cœur.
 Lou sente tout à hauro qu'eipingo,
 Sei poudei fâ jugâ mo lingo.

Moussû, v'en preje, escusâ-nous,
Queto ve quo siro per vous :
 Countâ per re quelo rosado,
 E fosei câ de mo pensado.

LOU BARJÊR AMOUROU.

Er : *Perque te planiei, Titire.*

Jonetou sur lo verduro
Dermio trâ un assolei ;
De l'omour, dî soun soumei,
Lo 'vio l'er mài lo figuro.
  A l'àido de Dy,
Ah! moun cœur, ah! moun cœur enduro
   Lou màu lou pû vy.   *Bis.*

 Sas jautas 'vian lo figuro
D'uno roso qu'eiponî,
So belo boucho tronî
Lo guino lo pû moduro.
  A l'àido de Dy, etc.

 So talio ei d'uno tournuro
Que charmo au prumier momen,
E soun pû bel ornomen
Q'ei lo pû simplo poruro.
  A l'àido de Dy, etc.

CHANSOUS.

Soun er tendre me rossuro :
M'apràime rempli d'omour;
Jomài n'ài vu de coulour
Pû freicho dî lo noturo.
  A l'àido de Dy, etc.

Ah ! charmanto creaturo,
Li credei per l'eivelià,
Brûle quan vous soumelià
De lo flâmo lo pû puro.
  A l'àido de Dy, etc.

Iau m'en vau fâ lo gojuro
Que votre cœur n'ei pâ prei;
Be n'aurài-iau de plosei,
Si qu'ei 'no chàuso seguro !
  A l'àido de Dy, etc.

Bien au louen dî lo couturo
Lo se mete de fujî;
L'ingrato, sei s'otendrî,
Làisso soun barjer que puro.
  A l'àido de Dy, etc.

Me, sei channiâ de pousturo;
Lo seguei toujour de l'ei.
Au be n'en mèrài d'einci,
Au lo siro mo futuro.
  A l'àido de Dy, etc.

CHANSOU.

SUR L'ER D'UNO COUNTRE-DANSO.

Perque me fosei-vous lo mino ?
Ne sài pâ tan de jitâ lài ;
I'ài, Dy marcei, lo talio fino.
Mier qu'aucun de quis tràuquo-plài.
De tous quis que v'àimen lou mài
Per lou segur n'èmporte lo victôrio ;
De tous quis que v'àimen lou mài
Per lou segur n'en sài lou pài.

Lous garçous de notre vilaje
Que velien lous seis coumo nous
Quan dansen fan dau topaje ;
Iau sài lou pû lejer de tous.
Quan iau danse, mous doux tolous
Rejinguen de plusieurs monieiras.
Quan iau danse, mous doux tolous
Rejinguen de plusieurs feiçous.

Quan nous van per notras chorieiras,
Aprei 'vei luma lou brandou,

Cherchâ-n'en de quis grans ousticiras
Que fosan mier : Ou, ou, ou, ou.
Si fau fâ jugâ lou biliou,
Per lou segur n'emporte lo victôrio ;
Si fau fâ jugâ lou biliou,
Coueije toujour moun coumponiou.

I'ài biaus, moutous, choretas,
Treis pors, ni mài un piti vedèu.
Si vous me vesiâ las feitas,
Finiole coumo un domoueisèu.
I'ài doux hobis d'un dra for bèu,
Treis chomisas toutas de boirodissas,
Treis poreis de chaussas, doux chopèus,
Ni mài de las molinas de pèu.

CHANSOU DE TABLO.

Er : *Lou Dy d'omour.*

PER LOU MEITRE.

Qu'ei 'no feito bien chaumado,
Mas pèus tenden de pertout :
Si bèuren-nous plo rosado
Per lou meitre de meijou.
Moussurs, fosei-me rosou ;
Car au l'o bien meritado.
Vau remplî soun goubele :
Que so santa sio trincado !
Vau remplî soun goubele,
Au lou bèuro d'un'hole.

PER LOU VESI.

Notre vesi, que se penso
Si so forço li perme,
Vài bèure, per penitenço,
Douas ves tout de racho-pe.

Nôe, quan au n'en tâte,
N'ogue pâ quelo indolenço.
Vau remplî soun goubele;
Qu'au lou beve en dilijenço.
Vau remplî soun goubele,
Qu'au lou beve d'un'hole.

PER LOU CURE.

Quiau boun cure qu'eisomino
Mo boutelio d'un er gài,
Me forio lo griso mino
Si possavo per-delài.
Au me groundoro jomài
D'ovei begu mo chopino.
Vau remplî soun goubele
De quelo liquour divino.
Vau remplî soun goubele,
Au lou bèuro d'un'hôle.

PER UN MEDECI.

Vous qui, quan lô fèure minò
De pàubreis cors alteras,
Lous boniâ de medecino
Per dovan mài per detrâ,
Vous lous 'vei tô enteras
En lour ôtan lour chopino.
Remplissei lour goubele;
Quitâ-me quelo routino.
Remplissei lour goubele,
Qu'is lous bevan d'un'hole.

CHANSOUS.

PER 'N'AUTRE MEDECI.

Prenci-n'en uno racliado
Per veire si dise vrài;
Quan vous l'aurei avolado,
Counsultâ votre parpài.
Quiau restauran vau pio mài
Qu'un bro de tisano fado.
Voueidâ votre goubele;
Fosei coumo l'ossemblado.
Voueidâ votre goubele,
Bevei-lou tout d'un'hole.

PER UN MOUSSUR.

Quiau brave home que goutilio
Jusqu'à lo fi dau repâ
Ne bèu pâ mài qu'uno filio.
Perque ne bèurio-t-èu pâ ?
Lou vi chasso l'emborâ
Qu'un po 'vei di so fomilio.
Vau rempli soun goubele;
Que te-t-èu, demiei-rouquilio?
Vau rempli soun goubele,
Au lou bèuro d'un'hole.

PER UNO DAMO.

Moussur que poyâ lo feito,
Jujorià-vous à perpàu
Que quelo modamo hôneito
Foguesso lo tâto-suàu?

Lou vi gori de tout màu ;
Me lo joïo dî lo teito.
Vau remplî soun goubele,
Lo bèuro que lo tempeito.
Vau remplî soun goubele,
Lo lou bèuro d'un'hole.

PER UNO DOMOUEISELO.

Veiqui plo 'no jento filio :
Morjoun ! lo bèurio daus eis.
Vau poriâ que lo furmilio
D'espri jusqu'au bou daus deis.
Iau vese dî sous mireis
Un certen fe que petilio.
Vau remplî soun goubele,
Mài fujî; car lo me grilio.
Vau remplî soun goubele,
Lo lou bèuro d'un'hole.

PER UN JAUNE HOME.

Jaune home, si dî votro âmo
L'omour o luma soun'fe,
Aprenci per tuâ so flâmo
Lou veritable secre :
Bevei, quo li fài deipie,
Mài lou fài channiâ de gâmo.
Voueidâ votre goubele.
Fi dau prumier que vous blâmo !
Voueidâ votre goubele,
Bevei-lou tout d'un'hole.

CHANSOUS.

PER UN COUPLE.

Per celebrâ lo chodeno
Qu'o fourma quiau couple huroû,
Bevan tous à tasso pleno,
D'un cœur noble e jeneroû.
Que notreis souas per is doux
De lour bounhur sian l'eitreno!
Vau remplî lour goubele.
Lou vi chasso touto peno.
Vau remplî lour goubele,
Is lou bèuran d'un'hole.

PER UN VICARI.

Quiau vicari, qu'ei alerto,
Revelia coumo un sinsau,
Que l'ensei soû so cuberto
N'ensebeli pâ un fau,
Per fà veire qu'au n'en vau,
M'oten lo boucho deiberto.
Vau remplî soun goubele,
Sei li presentâ de perto.
Vau rempli soun goubele,
Qu'au lou beve d'un'hole.

PER UN JUJE.

Vous que, per jujâ 'no càuso,
Valei votre pesan d'or,
E dovan qui degu n'àuso
Prenei lou dre per lou tor,

Coumprenei que notre sor
Sei lou vi n'ei pâ gran chàuso.
Voueidâ votre goubele,
Sei metre lo mindro pàuso.
Voueidâ votre goubele,
Bevei-lou tout d'un'hole.

PER UN MARCHAN.

Qu'ei vrài que quiau que trofigo
Dèu sobei so proufessy,
E bien couneitre l'intrigo
De talo au talo nocy.
Mâ, per 'vei l'espri pû vy
E lou creidi que l'un brigo,
Fau voueidâ lou goubele,
Qu'ei lou secre de lo ligo.
Fau voueidâ lou goubele,
Lou bèure tout d'un'hole.

PER UNO DAMO.

Sur lou bec de quelo damo
L'un vèu voultijâ l'omour.
Jomài re ne se deitramo ;
Mâ li fau jugâ lou tour.
Trempan dî quelo liquour
So boucho touto de flâmo.
Vau remplî soun goubele ;
Bâcu n'en ri dî soun âmo.
Vau remplî soun goubele,
Lo lou bèuro d'un'hole.

CHANSOUS.

PER UNO DOMOUEISELO.

Còpinià quelo fripouno,
Qu'o l'ei fi, lou regar doû;
L'eimorio mài, lo miniouno,
Bèure per soun amouroû.
Mâ lo foro coumo nous;
Nous n'esentoren persouno.
Vau remplî soun goubele
De quiau boun ju de lo touno.
Vau remplî soun goubele,
Lo lou bèuro d'un'hole.

PER UN JAUNE HOME.

Lo freichour de lo jaunesso
Vous ren gài coumo un pinsou ;
Prenei gardo à lo tristesso,
Lo vous forio be rosou.
Lo se cacho sei feiçou
Sous lous tres d'uno meitresso.
Voueidà votre goubele,
Quo retardo lo vieiliesso.
Voueidà votre goubele,
Bevei-lou tout d'un'hole.

PER UN PEITRE.

Vous qu'entendei l'Ecrituro
Coumo lou libre messàu,
Vous sabei qu'eilo asseguro
Que lou boun vi ren jauyiàu.

Bevei, per que qu'ei entàu,
Quelo liquour touto puro;
Voueidâ votre goubele,
V'ài be fa bouno mesuro.
Voueidâ votre goubele,
Bevei-lou tout d'un'hole.

PER UN CHIRURJEN.

Votreis boulious d'Esculapo
Soun fas per empoueizounâ;
E vous trioumfâ soû capo
Quan vous poudei nous sannâ.
Pourtâ mo boutelio au nâ:
Qualo ôdour! Coumo lo frapo!
Voueidâ votre goubele,
Qu'ei per quiau ju qu'un eichapo?
Voueidâ votre goubele,
Bevei-lou tout d'un'hole.

PER UN MILITARI.

Vous que sei pilier de guèro,
Tan volien coumo lou rei,
Qu'aucun ennemi sur tèro
N'o jomài vu per dorei,
V'ovei be toujour coumprei
Que lou vi ren l'âmo fièro;
Voueidâ votre goubele,
E renvouyâ-me fà lèro.
Voueidâ votre goubele,
Bevei-lou tout d'un'hole.

CHANSOUS.

PER UN AMOTOUR.

Lou glou glou de mo boutelio
Vau plo mài qu'un bèu councer,
Que ne frapo mâ l'òrelio
Per se 'nâ perdre dî l'er.
Mâ lou boun vi qu'un nous ser
Sur tous lous sans fài mervelio.
En voueidan lou goubele,
Notro forço se revelio.
Voueidà votre goubele,
Bevei-lou tout d'un'hole.

PER UN JAUNE HOME.

Si quàuquo ve votro mìo
Vous channio per un nouvèu,
E que votro jolousìo
Vou chifoune lou cervèu,
Quiau ju deicendu dau cèu
Goriro quelo folìo.
Voueidâ votre goubele,
Nejâ lo melancolìo.
Voueidâ votre goubele,
Bevei-lou tout d'un'hole.

PER UNO DAMO.

Miniardo de lo noturo,
Lo v'o douna per fovour
Lo franchiso lo pû puro,
De l'espri, de lo douçour;

Mâ, per sauvâ lo freichour
Qu'un vèu sur votro figuro,
Voueidâ votre goubele,
Quiau boun ju fài que lo duro.
Voueidâ votre goubele,
Bevei-lou tout d'un'hole.

PER UNO DOMOUEISELO.

Lous cos d'eis que quelo balio
Soun tan de cos de conou;
Qu'ei qui que l'espri trobalio
Per defendre lo rosou.
Vouei ! visâ quel er fripou,
Quelas grocias, quelo talio;
Vau rempli soun goubele,
M'en tirâ valio que valio.
Vau rempli soun goubele,
Lo lou bèuro d'un'hole.

PER UN RELIJY.

Vivo lou reveren pèro
Que n'o pâ l'er refresi !
Qu'ei lou jàu dau monastèro
Per couneitre lou boun vi.
Soun visaje beneisi
N'anounço pâ lo misèro.
Vau rempli soun goubele,
Sei cranici lo mindro guèro.
Vau rempli soun goubele ;
Au lou bèuro d'un'hole.

CHANSOUS.

PER UN AVOUCA.

Vous que moutrâ l'eicoursieiro
Qu'un pleidiàire dèu prenei,
E sur lo lei coutumieiro
Sobei reglîâ soun devei,
Voulei-vous lejî n'eiplei
Sei tan beissâ lo paupieiro?
Voueidâ votre goubele,
Quo deibràulio lo motieiro.
Voueidâ votre goubele,
Bevei-lou tout d'un'hole.

PER UN HOME SOBEN.

Vous qu'ovei lo teito pleno
De diezenas, de zeros,
Quan vous cherchâ lo censeno
D'un calcul que mounto grô,
Mesurâ souven quiau crô
Sei nivèu mài sei chodeno.
Voueidâ votre goubele,
Vous calculorei sei peno.
Voueidâ votre goubele,
Bevei-lou tout d'un'hole.

PER UNO DOMOUEISELO.

Quo n'ei pâ 'no bogotèlo
De poudei furnî per-tout;
Vese 'no gracio nouvèlo;
Mous coumplimens soun au bou.

Diràì mo fraso en d'un mou ;
Tout charmo di quelo belo.
Vau rempli soun goubele ;
Qu'ei no jento domoueiselo.
Vau rempli soun goubele,
Lo lou bèuro d'un'hole.

PER LOU MEITRE.

Si tout hoquo vous dounavo
Per cinquanto ans de santa,
Nous toririan votro cavo ;
Jomài n'aurio prou chanta.
Mâ lou cœur s'ei countenta
D'esprimâ ce qu'au pensavo ;
Voueidâ votre goubele,
Vous ririâ si l'y tournavo.
Voueidâ votre goubele,
Bevei-lou tout d'un'hole.

CHANSOU A MO FENNO,

DÎ UNO ANNADO DE BOUNAS VENDENIAS.

Er : *Au cliar de lo luno.*

—

Nous van, mo Peirouno,
Bèure de quiau vi;
Lo vendenio ei bouno,
Fau se rejauvî.
De biquâ lo couado
Me sài einuya,
E de queto annado
N'ài pâ eiluya.

L'àigo qu'avolavo
Me fosio for màu :
Moun parpài s'usavo,
Moun poû 'navo suàu,
De bèu qu'un en troulio
Dî so pàubro pèu,
Lou ventre gronoulio
Jusqu'à fà deigrèu.

CHANSOUS.

Qu'ei vrài que to gorjo
Me leissavo en pa;
Mâ mo se te forjo
De que l'ôcupâ.
Fussâ-tu mangano,
Piei que Lucifer,
Bèurài per semmano
Notre ple luzer.

I'àuve notro Anniquo
Que ve dau bouchou :
Vài-t-en sei repliquo
Cherchâ dî l'archou.
Balio-me 'no crouto ;
Porto toun celou ;
Tu bèurâ 'no gouto,
Rinço l'eicunlou.

Mâ toun froun se rido.
Gâro lou viei trin !
Tu sei 'n'eibeitido
D'ovei dau chogrin.
Quel er me rebuto :
Qu'ei prou marmouta.
Chut !... pouen de disputo,
Fenno, à to santa.

Vèu moun san que mounto ;
Moun parpài ve chàu.
Iau mèrio de hounto
D'ètre palicàu.

CHANSOUS.

Pisso, mo boutelio,
De quiau la daus vieis;
Lou ju de lo trelio
Vau be quiau daus ceis.

Aprei me lo guèro!
Vole dau pû grô.
Viaure de misèro,
Qu'ei chobià soun crô.
Quan dî lo vieiliesso
L'un ve rancenous,
Souven lo jaunesso
Se mouquo de nous.

Quiauqui que s'empràisso
De mossâ daus liars,
L'einoï lous làisso
Per daus bobiliars,
Que crèden victôrio,
Vesen qu'au se mer,
E se fan l'histôrio
De tout soun gouver.

CHANSOU.

ER : *Lo bouno avanturo o gue!*

Quan i'àime sinceromen,
    Iau parle sei peno,
I'ài tô de moun coumplimen
    Trouba lo cenceno.
Mâ, avan de m'eicoutâ,
Coumençan tous de chantâ :
Vivo Modoleno, o gue!
    Vivo Modoleno!

Modoleno o l'espri gài,
    D'obor l'enchodeno.
Coumo eilo n'y auro jomài
    Douas dî lo doujeno.
L'o de l'eime, dau boun san,
Lo charmo coumo à vingt ans.
Vivo Modoleno, o gue!
    Vivo Modoleno!

Dau noumbre de sas bountas
    Mo memôrio ei pleno;
Sous ans pàichan-t-is mountâ
    Jusqu'à lo centeno.
A so feito, tour à tour,
Repetan en soun hônour :
Vivo Modoleno, o gue!
    Vivo Modoleno!

CHANSOU.

Er : *Gue, gue.*

A LO SŒUR SEN-T-A...Y.

Treis sœurs qu'uni l'omita
An poya lour quotita.
Chacuno, à soun jour de feito,
  Fugue hôneito,   *Bis.*
Gue, gue fugue hôneito.

 Sen-t-Andry, qu'ei votre tour,
Nous l'y van fà quete jour.
En chantan ce qu'un estimo,
  Lo voû s'animo,
Gue, gue, lo voû s'animo.

 Notre gourjorèu vài màu,
Nous fau quàuquore de chàu
Per bien fà notro musiquo
  Dî lo boutiquo,
Gue, gue, dî lo boutiquo.

 N'oven 'gu mài d'un souci
Tan que y'èrâ louen d'eici;

Mâ vous n'en poyorei l'oïo.
Vivo lo joïo !
Gue, gue, vivo lo joïo !

Nous van poyâ sei caucy
Lo rento de Sen-t-Andry.
Lo boutiquo ei lo prumieiro
De lo coufrieiro,
Gue, gue, de lo coufrieiro.

Mâ prejâ-lou bien hujan
Qu'au v'eicoute mier qu'antan ;
Que notro pàubro peitreno
Soufle sei peno,
Gue, gue, soufle sei peno.

Nous van v'òfrî lou bouque ;
Vous valei bien lou perque.
Vivei hurouso e countento,
Toujour plosento,
Gue, gue, toujour plosento.

Votre tour dî l'Engoumeis
Ne v'eisanto pâ daus dreis.
Vous devei 'no regolado,
Mo tan eimado,
Gue, gue, mo tan eimado.

CHANSOU.

Er : *Avec lous jeus di lou vilaje*,
Au be er *de lo Pipo de Toba.*

LO SŒUR SEN-M....U

A M. F...-F......R.

Jose, vous n'enlevâ lo palio
Per bien doubâ lous os roumpus;
Degu coumo vous ne trobalio :
A votre aje, l'un n'en vèu pû.   *Bis.*
Iau tremblavo d'ètre boueitouso;
Mâ touto lo jen de votre ar
Vous troben lo mo tro hurouso
Per ètre quelo d'un vieiliar.   *Bis.*

Lous vœus que fau per votro feito
Parten d'un cœur fran coumo l'or;
Que Dy counserve votro teito;
Per lou publi qu'ei un tresor.
Per me, me forài toujour glôrio
De bien vantâ votre sobei,

CHANSOUS.

E n'en gardorài lo memôrio
Jusqu'anto que fermorài l'ei.

Votro grando atency m'òblijo
De creire que v'ovei pensa
Qu'èro votro sincero omijo,
Per v'ètre coumo surpossa.
Mâ quàu plosei dî lo vieiliesso
Ne devei-vous pâ ressentî,
De veire que per votro adresso
Iau marche drecho coumo un I !

Si, per eilounjâ votro vito,
Lo mor rocourcissio mous jours,
Trouborio lo perto pitito;
Car vous sei d'un tro gran secours.
Vivei loun-ten, sirài countento;
Vous sei un oubrier souveren
Per bien couneitre lo charpento
E las dechas dau cor humen.

CHANSOU.

Er : *Helâ! Joneto.*

Quan i'ài chopino,
M'ei'vî qu'un diable me lutino.
Quan i'ài chopino,
Me mete à chantâ
Lo chansouneto.
Quan un l'y fài fâ lo noveto,
Lo chansouneto
Animo un repâ.

Ce que m'enflâmo
E remplî lous vœus de moun âmo,
Ce que m'enflâmo,
Qu'ei quiau charman vi ;
Mâ i'ài lo fèure
Quan sài tout soule per lou bèure ;
Mâ i'ài lo fèure
Quan n'ài pâ 'n'omi.

Lou jour quan velie,
E lo ne lorsque iau soumelie,

CHANSOUS.

Lou jour quan velie,
Ne pense qu'au vi;
E moun visaje,
Quan vese l'àigo d'un rivaje,
E moun visaje
De suito ei pali.

Uno meitresso,
Auro que me te lo vieiliesso,
Uno meitresso
Me forio dannâ.
Filio jentilio,
Per me, de quiau vi que petilio,
Filio jentilio
N'o pâ lous opas.

De lo musiquo
Fuje lous councers, lo protiquo;
De lo musiquo
Fuje lou sejour.
Sei lo boutelio,
Que per sous glous glous me revelio,
Sei lo boutelio
Deurmirio toujour.

De lo codanço
E daus pas lejers de lo danso,
De lo codanço
Ne fau pû de câ.
l'àime mier veire
Un beveur eichopâ soun veire;

CHANSOUS.

L'àime mier veire
Sur soun cû dansâ.

I'ài lo moroto
De fâ per lo jen de riboto,
I'ài lo moroto
De fâ daus coupleis.
E quiau delire,
Quan pode un instan lous fâ rire,
E quiau delire
Fài tous mous ploseis.

CHANSOU.

Er : *A lo feiçou de Barbori, moun omi.*

A LO SŒUR J.....O.

Qu'ei queto ve, mas bounas sours,
Que fau chantâ Jocinto.
Deiroulian bien notreis ressors
E secoundan l'eiquinto.
N'oven ôblida tout de boun,
Lo foridoundeno, lo foridoundoun,
Lo danso que nous rejauvi,
Biribi,
A lo feiçou de Barbori,
Moun omi.

Er : *Jan de Rèulo, moun omi.*

Qu'ei un plosei de bien dansâ
A l'hônour de quàucu que valio;
E Jocinto, per bien pensâ,
Sur n'àutras n'enlèvo lo palio.
L'o dau boun san,
L'o dau tolan,

De boun cœur lo nous n'en balio ;
L'o dau boun san,
L'o dau tolan,
E sous dehors soun charmans.

Las nuriças van d'un er gài
Moïà quelo jento meitresso.
Eilas siran à tout jomài
Per eilo plenas de tendresso.
E, de segur,
Per soun bounhur
Las foran daus vœus sei cesso ;
E, de segur,
Per soun bounhur
L'an lou desir lou pû pur.

CHANSOU.

Er nouvèu.

Quauquore choranglio defôro
Coumo un eissy màu engreissa :
Qu'ei lo mor, quelo ôro pecôro,
Qu'o soun harnei tout frocossa.   *Bis.*
Sirio-quo quàucu de remarquo
Doun lo ve de toursei lou çau ?
Ne sài, mâ Caroun dî so barquo
Te l'âmo deijâ bien en lau.

Degu ne crèdo ni ne puro :
Tout ei mue dî lou cantou.
Qu'ei quàuquo belo-mài tro duro
Que làisso lo pa dî meijou.
Lo nôro crèu vilo ganiado ;
Mâ, helâ pàubro ! tô au tar,
Lo ne siro pâ regretado
Mài que lo defunto que par.

Qu'ei un vrài fardèu dî lo vito
Que lou titre de belo-mài ;

Si bouno que sio so counduito,
Soun gouver n'ogrado jomài.
Si s'eilèvo quàuquo querelo,
Tout lou tor ei de soun coûta.
Lo bèu fà, qu'ei 'no borutelo
Que ne di jomài lo varta.

Fennas, counsultâ lo coucinço,
Vivei d'acor, re n'ei si bèu.
Per entretenei lo pocinço,
Que chacuno mete dau sèu.
Aribo toujour quàuquo criso
Que vous bràulio sei countredi,
Quan l'embicy de lo meitriso
Ve s'emporâ de votre espri.

CHANSOU.

Er : *L'omita vivo e puro.*

———

L'omita vivo e puro
Guido eici lous vràis ploseis ;
Qu'ei lo simplo noturo
Que charmo notreis leseis.
Lou barjer fran, l'âmo hôneito,
Aimo e ri sincèromen.
Châ nous qu'ei toujour lo feito
Que chàumo lo bouno jen.   } *Bis.*

Quan quàucu se morido,
Doux jauneis cœurs n'en fan qu'un,
Lour chodeno ei flurido,
E lour bounhur ei coumun.
Lo noturo, à lour requeito,
Douno-t-eilo un frui nàissen,
En fomilio is fan lo feito
Que chàumo lo bouno jen.

Lo filio rigourouso
Pren soun veire d'un er gài ;

Quan so boucho s'arousò,
L'omour fû dî soun parpài.
Lou barjer vèu so counqueito
Sourire d'un er plosen ;
L'omour se charmâ lo feito
Que chàumo lo bouno jen.

A lo vilo l'un àuvo
Lous councers lous pû plentys :
Eici chacun se làuvo
D'eimâ lous ers gàis e vys.
Sei nous tan cossâ lo teito
Per daus acors si sobens,
Venei tous rire à lo feito
Que chàumo lo bouno jen.

CHANSOU.

Er counogu.

A M^{lo} D****.

Notre jaune seniour de tèro,
Que troubo tout dî soun leti,
M'o di qu'à l'ilo de Cytèro
L'un ri toujour, sei e moti;
Lous seis au m'en fosio l'histôrio,
Dî lo primo, aprei moun trobài;
Veiqui, si crese mo memôrio,
Lou trô que me plosio lou mài.

L'un y vî sei trobài, sei peno;
Qu'ei lou poï daus poressous;
Lous ploseis l'y soun à centeno,
Veiqui, lou pû miste de tous :
Las soun treis sors de propo talio,
Qu'an lou regar lou pû grocy ;
Lous cos d'eis que chacuno balio
Vous tràuquen d'obor jusqu'au vy.

CHANSOUS.

Las dansen, seloun lour coutumo,
Tous lous printens per s'eibandî;
Lours pes soun lejers coumo plumo,
Lour cor ei tan dre coumo un I :
Lour boucho ressemblo lo roso
Que brilio sur un coule blan;
Tan piei per queuqui que s'esposo,
Las sàuten au cœur tout d'un 'lan.

Lours tres, lour er e lour monieiro
An toujour un charme nouvèu;
Lour belo cilio e lour paupieiro
Soun negras coumo moun chopèu.
Dessû lour eipanlo poulido
Lour glieno toumbo à gros boulious;
Qu'ei l'inoucenço que las guido;
Lour sor n'en ei pâ min huroû.

Las n'an pâ besouen de frisuro,
De ribans, de gaso e de far;
Las tenen tout de lo noturo;
Las fujen lo finesso e l'ar :
Las ne van pâ per deivirado
Quan las disen lour sentimen,
E quan lour poràulo ei dounado,
Las n'an pâ besouen de sermen.

A Venû, lour mài, quan lo passo,
Las risen de bouno sob our;
Lour piti frài, que las menaço,
Grilio de lour jugâ lou tour;

Mâ lo mindro fleicho s'eineito,
Maugra so redour, en voulan,
E las presen soun harboleito
Coumo lou bruse d'un efan.

D****, en d'un mou coumo en milo,
Vous sei l'uno de las treis sors,
Que sei vengudo de vôtro ilo
Troumpâ l'omoúr sur notreis bors :
Vous sei tro jento mài tro lesto
Per vous deiguisâ jusqu'au bou ;
Lo jen vous couneissen de resto,
Uno gracio charmo pertout.

LO VELIADO VILOJOUASO.

Er : *Iau voulio vencre.*

Nous van 'vei, quan siro ne,
    Bien de lo marmalio.
Metei lo marmito au fe,
    Eitendei lo toualio :
Pière, deicen lou chantèu
Per fâ jugâ lou coutèu ;
    A lour aribado,
    Lo siro tirado.

Iau t'àime mài que Francei
    Per toliàlo soupo ;
Sous boucis soun tro eipeis,
    Souven quo m'eitoupo :
Tas leichas an meliour er,
Las bounien e jasen mier.
    En junian l'ôrelio,
    Quo coulo à mervelio.

Margui, cour dî lou bucher
    Quère 'no baudado ;

CHANSOUS.

Vouei! be â-tu l'er impocher
 A lo deivirado :
Mo fo, si toun servitour
Sobio qual ei toun humour,
  Quel omour si forto
  Possorio lo porto.

Coti, tu fà lous partèus
  D'uno bèlo talio ;
Quan lous cartiers soun si bèus,
  Quo n'ei re que valio.
D'un tu n'en podei fà doux,
Is siran pû sobourous.
  Qu'ei lou plosei meimo.
  Quan n'y o de lo creimo.

Visâ lou grô Liaunetàu,
  Que ba lo campanio,
Au lei de 'vei lou cobàu
  Rempli de châtanio :
N'auren, dî lous veliodours,
'No troupo de pelodours ;
  Sochan dî lo vito
  Ce que nous proufito.

Chut,... deijâ lous pistouleis
  Peten que lo malo ;
Lous couens dau fe siran preis ;
  Quo nèvio mài jalo.
Mâ lo jaunesso ei sei souen ;
Lo ne prevèu pâ de louen.

Lou san l'y bouliouno;
Jomài re l'eitouno.

Tan mài lo vèu lou bourbier,
Tan mài lo s'y fouro,
Sei pensâ que lou danjer
Nài be prou d'ob'houro.
Quan is siran moridas,
Is siran be prou bridas;
Mo lingo deivino
Ce que me cousino.

Uno ve qu'is soun charmas
De quàuquo meitresso,
Is ne lo quitorian pas
Per uno princesso;
Mâ quan lous eis vesen cliar,
Lou cœur lour cedo so par.
Qu'ei 'n'àutro figuro
Mài 'n'àutro noturo.

Auro qu'ài prei moun bouliou,
Deitreniei lo tàulo;
Qu'is venian dì lo meijou,
Per fâ lo pingràulo;
Ne lour forài pâ d'einei,
Car iau m'en vau 'nâ josei;
Que notro femelo
Fase sentinelo.

CHANSOU.

Er *de lo Foure-Negro.*

Me rejauvisse dau bounhur
 Qu'ài dî quelo assemblado.
L'or rofina n'ei pâ pû pur;
 Diriâ que Dy l'o triado.
Lou cœur porei à deicuber;
E qu'ei qui que lou diable per.
Lauvan lo Teresou sei crento;
L'ei toujour drolo mài plosento.

 L'ei sei lo mindro pretency,
  L'ei francho, l'ei hôneito.
Sente lou plosei lou pû vy
 De celebrâ so feito.
Quan lo jen soun de bouno fe,
Fau que lous chante maugra me.
Lauvan lo Teresou sei crento;
L'ei toujour drolo mài plosento.

 Boun pastour, à votro berbi
  Vous devei 'no lampiado;
Vous sobei que lo vau soun pri
 Per ètre counservado.
Nous bèuran tous dî lou momen
A las filias de Sen-Vicen.
Lauvan lo Teresou sei crento;
L'ei toujour drolo|mài plosento.

CHANSOU.

Per lo samby! vivo un hausar
    Per 'vei l'amo sincèro!
Iau m'esprime toujour sei far,
    Tan en pa coumo en guèro.
Ah! Marioun, votre filiau
N'o jomài possa per un fau.
Moun cœur, que vous cheri sei cesso,
Quete jour doublo so tendresso.

Pàichan-nous, dî trento ans d'eici,
    Fâ brundî votre feito,
E lou cœur eizan de souci,
    Bèure que lo tempeito!
Nous goutoren de vràis ploseis :
Lou boun vi fài lou la daus vieis.
Moun cœur, que vous cheri sei cesso,
Quete jour doublo so tendresso.

En atenden, versâ dau dur,
    Que lo tasso sio pleno.
V'àutreis, bevan à soun bounhur;
    Car lo n'en vau lo peno.
Oui, Marioun, me souvendrài
De vous tout lou ten que viauràî.
Moun cœur, que vous cheri sei cesso,
Quete jour doublo so tendresso.

CHANSOU.

ER : *Jauvissei de votreis bèus ans.*

Nous van dansâ quete sei
Dî lo prado, dî lo prado;
Vaque jauvî dau plosei
    De l'aprei-soupado.
        Margorito,
        Tout t'invito :
        L'er s'eisujo,
        L'herbo frujo,
        Lo viauleto
        Seur lo teito
        De l'herbo mouleto.

Quan te prendrài per dansâ,
Belo ingrato, belo ingrato,
Ne vâ pâ me refusâ
    Ni mài fà lo gâto.
        Sio pû vivo,
        Min crentivo ;
        Lo jaunesso

CHANSOUS.

Sei tendresso
N'ei risento,
Ni plosento,
Ni divertissento.

Lou romier sur quis rouveis
Rotocouno, rotocouno,
Soun cœur banio de ploseis
Prei de so pijouno.
Lo tourtoulo
Jemi soulo,
Lo s'einoyo,
Pû de joïo.
Tout soupiro,
Tout respiro
Per ce que l'atiro.

Qu'ei lo sozou de l'omour,
Margarito, Margorito;
Moutro-me quàuque retour,
E ren-me lo vito.
Ah! cruelo,
Tu sei belo,
Mâ tro fièro.
To coulèro
Me chogrino.
Bouei, mutino,
Fài-me bouno mino.

Boun! t'â l'er tout eiveri,
Mo bruneto, mo bruneto.

CHANSOUS.

Vise lou jour que t'â ri
Coumo un jour de feito.
Quelo mino
Me lutino :
L'ei charmanto
Lo meichanto.
Tout m'assuro,
Mo futuro,
Channie de noturo.

FI DAU TOME PRUMIER.

TABLE

DES MATIÈRES CONTENUES

DANS LE TOME PREMIER.

Notice sur la langue limousine,   page 1
Avis des éditeurs,   21

POEME.

LOU ROUMIVAJE DE LIAUNOU.

Chan prumier,   23
Chan segoun,   43
Chan troisieme,   59
Chan quatrieme,   78

COUNTEIS.

Lou Toupi de miàu,   99
Lou Crubidour,   106
Lou Pàubre dau porody,   110

Lou Vouyaje de Sen-Junio,	page 122
N'ôblidei pâ lous mors,	126
Tro de fomiliorita enjendro meipri,	128
Sur lou meimo suje,	129
Lou Coueifaje engoja,	131
Lou Meitodier fripou,	133

FOBLAS.

Lo Vacho e lou Taurèu,	134
Lou Por e lou Chau,	136
Lous doux Cheis couchans,	138
Lous doux Biaus,	140
Lou Cha fripou,	142
Lou Ra de vilo e lou Ra daus chans,	143
Lou Loup e l'Onièu,	145
Le Cigalo e lo Fermi,	147
Lo Fenno e lou Secre,	149
Lo Mor e lou Bucheirou,	152

CHANSOUS.

Lou Printen,	154
Sur lou meimo suje,	158
L'Eity,	160
L'Autouno,	163
Sur lou meimo suje,	166
L'Hiver,	170
Chansou de doux ivronieïs au cobore,	173
— D'un chobretàire sur un meneitrier,	176
San jèure! per bèure mo pinto,	178

TABLO.

Prenei pocinço, Teresou, page	180
Que forâ-tu, pàubro Jonou?	182
Ne m'eimâ pû, vieilio Françou,	184
Lo barjeiro que m'o tenta,	185
Lo filio que m'o deigoûta,	189
Mo sor, vous 'vei 'gu rosou,	192
Un jaune àubre de bouno espeço,	193
Quan vau veliâ coumo mo Jonou,	194
Nous soun prei dau Mardi-Grâ,	198
Lou coreime,	201
Que fà-tu, Toucineto?	204
Parlâ-me d'un repâ jauviau,	207
Au lei d'un jour, chantan-n'en doux,	208
Vau bien humetâ mo pàubro gourjeiro,	209
Chantan lo Marioun,	211
L'omita que deipei loun-ten,	212
Lo dinado de campanio,	213
L'àutre jour lo jauno Bobèu,	215
Morjoun! vivo lo bouno châro,	217
Coumo n'àimen lo Sen-Michèu,	219
Votreis cis vesen plo prou,	221
Sœur Sen-M...y, quo n'ei pâ de bobiolo,	223
Vivo Cotorino! prei de soun Tistou,	224
Chou, nous ne diren pâ,	227
Iau ne boliorio pâ n'eipingo,	229
Lou soulei deibro so feneitro,	231
Vau veire mo vieilio Francèso,	233
Lou sen Ermito,	235
Queto ve vous m'aurei,	238
Qu'ei las sœurs de lo boutiquo,	240

Per lo feito d'un Jan,	page 242
Dei loun-ten uno jauno bruno,	243
Lou moridaje d'un tolieur retarda à càuso de lo meichanto annado,	244
Chansou d'un peisan couvida à dinâ châ soun bourjei,	247
Lou barjer amouroû,	249
Perque me fosei-vous lo mino?	251
Quei 'no feito bien chaumado,	253
A mo fenno, dî uno annado de bounas vendenias,	265
Quan i'àime sinceromen,	268
Treis sœurs qu'uni l'omita,	269
Jose, vous n'enlevâ lo palio,	271
Quan i'ài chopino,	273
Qu'ei queto ve, mas bounas sœurs,	276
Quàuquore choranglio defôro,	278
L'omita vivo e puro,	280
Notre jaune seniour de tèro,	282
Lo veliado vilojouaso,	285
Me rejauvisse dau bounhur,	288
Per lo samby! vivo un hausar,	289
Nous van dansâ quetove,	290

FI DE LO TABLO.

www.ingramcontent.com/pod-product-compliance
Lightning Source LLC
Chambersburg PA
CBHW070741170426
43200CB00007B/608